JN065197

カードの意味が一瞬でわかる!

タロットキャラ図鑑

キャメレオン竹田 著

ナツメ社

はじめに

こんにちは。キャメレオン竹田です。私がタロットカードと出会ったのは、子どもの頃の雑誌の付録でした。そのカードで、自分や友だちを占っていました。

高校2年生の時に、今の旦那さんとお付き合いすることになりますが、すかさずタロット占いをしました。これから2人はどうなるだろうかと。すると、皇帝のカードが出たのです。皇帝のカードは、ちょっとやそっとのことではダメにならない、とても安定したカードです。その占い結果は当たって、30年くらい経った今でも一緒にいます。

20代の頃は、ある女性に「好きな人に告白してもいいかどうかを占って」と頼まれたことがありました。話を聞くと、相手もかなり彼女のことが好きそうな雰囲気。しかし、占った結果は、予想と違いました。その時に出たのは、ソードのナイトが逆さま。これは、すぐにどこかへ行ってしまうカードです。フェードアウトしてしまう感じが、カードから漂っていました。彼女を傷つけないよう柔らかめにお伝えしたのですが、彼女は告白を実行。すると案の定、彼は「そういうつもりじゃなかった」と言って、2人は気まずくなってしまいました。

タロット占いのエピソードならいくらでもありますが、このくらいにしておきましょう。

さて、タロットカードは、1枚1枚の意味を覚えようとしても、まるで英単語の丸暗記のように頭に入って来なくて、うまく占いをすることができません。

そこで、この本では、タロットカードをキャラ図鑑にしました。1枚1枚のカードを物語風にしたので、あなたの頭の中でイメージがどんどん広がり、すんなりと頭に入るようになっています。私は、タロット占い師になる学校を主催しているのですが、そこでのレッスンは、生徒さんの頭の中で、いかにタロットカードの中の世界をイメージして堪能できるかを重点的に行っています。すると、みなさん、勝手にタロットカードの世界で遊び回るようになるんですね。つまり、鑑定ができるようになるのです。

さあ、あなたもこの本で、カードのイメージをつかんじゃってください。きっと「タロットカードって難しい！」という先入観が消えて、「タロットカードって楽しい！簡単！」という気持ちになっていくことでしょう。

CONTENTS

第2章　「大アルカナ」キャラ図鑑　25

第3章 「小アルカナ」キャラ図鑑 115

タロット キャラ図鑑の読み解き方

「大アルカナ」キャラ図鑑（P.26～P.113）

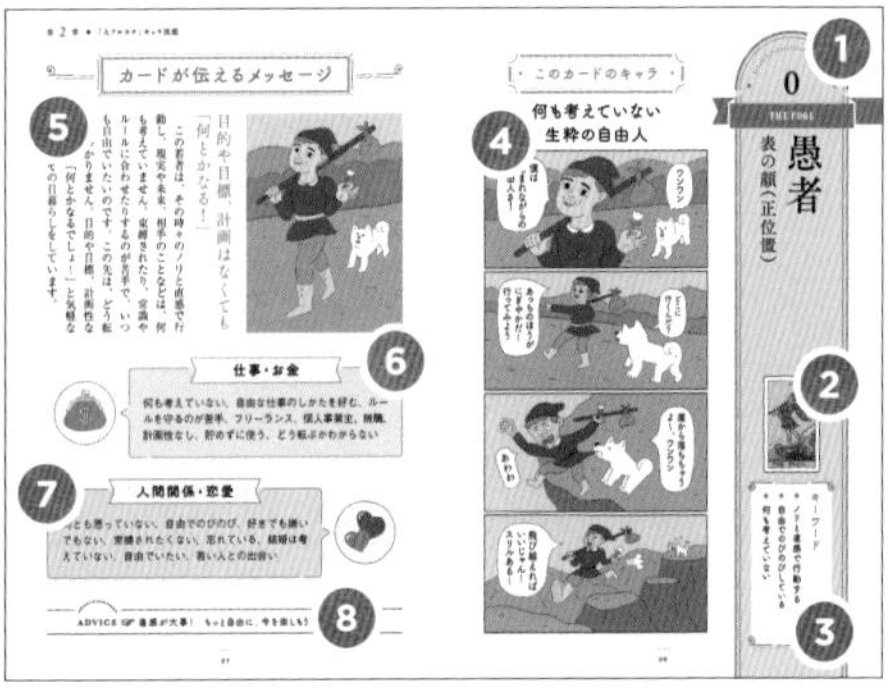

❶ **カードの名前とカード番号**

0「愚者」から21「世界」までのカードの名前と番号です。タロットの種類によっては、名前と番号の組み合わせが違う場合もあります。正位置を「表の顔」、逆位置を「裏の顔」としています。

❷ **ウェイト版（ライダー版）タロットの絵柄**

もっともベーシックなタロットとして普及しているウェイト版（ライダー版）タロットの絵柄です。

❸ **キーワード**

いい意味のカードではキャラの特長、悪い意味のカードではキャラの弱点などをピックアップしてキーワードとして紹介しています。

❹ **キャラ解説マンガ**

カードをキャラクター化して、どんなキャラなのかイメージしやすいよう4コママンガにしています。左ページ上にはキャラのイラストを入れました。

❺ **カードのメッセージ**

このカードにはどんな意味があるのか、何を伝えようとしているのか、などを解説しています。

❻ **仕事・お金のキーワード**

仕事やお金に関することを占ってこのカードが出た場合、読み解くための参考になるキーワードです。

❼ **人間関係・恋愛のキーワード**

人間関係や恋愛に関することを占ってこのカードが出た場合、読み解くための参考になるキーワードです。

❽ **アドバイス**

キャラからの一言アドバイスも参考に！

「小アルカナ」キャラ図鑑（P.120～P.175）

❶ **4種の共通カード番号**

この本では、「エース（表の顔・裏の顔）」から「キング（表の顔・裏の顔）」まで、共通カード番号ごとに4種（ワンド・ソード・カップ・ペンタクル）のカードのキャラを見開きで紹介しています。

❷ **カードの名前とカード番号**

ワンド・ソード・カップ・ペンタクルそれぞれの数カード（エース～10）と、人物が描かれたコートカード（ペイジ・ナイト・クイーン・キング）の名前と番号です。

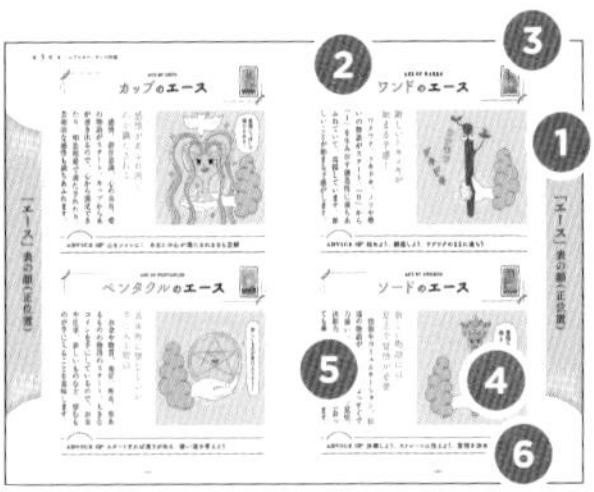

❸ **ウェイト版（ライダー版）タロットの絵柄**

もっともベーシックなタロットとして普及しているウェイト版（ライダー版）タロットの絵柄です。

❹ **キャラのイラスト**

カードをキャラクター化して、それぞれの特徴がイメージできるようイラストにしています。

❺ **カードのメッセージ**

このカードにはどんな意味があるのか、何を伝えようとしているのか、などを解説しています。

❻ **アドバイス**

キャラからの一言アドバイスも参考に！

第1章

タロットカードの基礎知識

TAROT CARD

タロット占いってどんなもの？

TAROT CARD

タロット占いにはデータがいらない

タロット占いは、とってもワクワクして面白い占術です。

これからどうなるの？
あの人は、私のことをどう思っているの？
これって、どうやったらうまくいく？

さまざまな質問に対して、タロットカードが教えてくれるんですね。

一般に、占い師は、1つの占術だけを用いるのではなく、「命術《めいじゅつ》」と「卜術《ぼくじゅつ》」を組み合わせて占う場合が多いといえます。


「命術」とは、個人の生年月日や会社の設立日など、占う対象のデータが必要になり、それらを計算して、生まれ持った性質や、運勢の流れを読み解いていくものです。

また、基本的な相性なども診断することができるでしょう。

これは、占う対象のカルテを作成するような感じといってもいいでしょう。

西洋占星術、インド占星術、四柱推命、九星気学、算命学、紫微斗数《しびとすう》などが命術に入ります。


これに対して、「卜術」には、そのようなデータは必要ありません。

その時々に、知りたいことを質問するだけで、すぐに占うことができます。

細部にわたって、今どのような状況なのか？　これからどうなっていくのか？

うまくいくにはどうしたらいいのか？　などを、立体的に占うことができるんです。

タロット、断易《だんえき》、ルーンなどが卜術に入ります。

すごいでしょ！

人相や手相、家相、風水、姓名判断、印相《いんそう》などは、「相術《そうじゅつ》」といいます。

こちらも、卜術と組み合わせることで、より奥深い占いをすることができるでしょう。

ちなみに、私は、西洋占星術とタロットカード占いを専門にしています。

バラエティーに富んだ占いができる

さて、話を戻しますと、

タロット占いは、卜術の中でも、吉凶をズバリ判断して終わりではなく、カードに描かれた絵を見ながら、いろんなことを導き出していくことができるので、幅広く、バラエティーに富んだ占いができるのです。

でも、難しいのでは？

霊感がないとできないのでは？

などという質問が来そうですが、安心してください。

実際、私が主宰している「タロット占い師になる学校」を卒業された方は、次々にタロット占い師としてデビューしています。

誰にでもタロット占いはできますし、霊感なんて、特別でも何でもなく、誰もが持っている能力なのです。

タロットの絵を見た時に湧き上がるインスピレーションを信じて、言葉を発してみてください。

それが、求めていた答えだったりしますからね。

TAROT CARD

タロットカードで何がわかるの？

TAROT CARD

タロットカードは、全部で78枚

タロットカードは、全部で78枚あります。

その78枚の中には、大アルカナ22枚と、小アルカナ56枚があります。

「アルカナって何ですか？」とよく聞かれますが、「隠されている秘密！」といったニュアンスがあるんですよ。

ですから、それぞれのカードから、さまざまな神秘を受け取っていただければと思います。

実は、大アルカナ22枚だけでも、十分、占いをすることができます。しかし、小アルカナ56枚を加えた、78枚フルデッキ（一揃い）で占ったほうが、事細かに読み解くことができるんですね。

強い意味の大アルカナ、単純明快な小アルカナ

大アルカナは、1つ1つが味わい深く、いろんな意味合いが込められています。エネルギー的にもとても強いです。

ですので、フルデッキで占った時に、大アルカナが出てきたら、その部分に、大きな意味、インパクトのある現象や気持ちがあると解釈して良いでしょう。

小アルカナには、ワンド、ソード、カップ、ペンタクル（コイン）のスート（種類）ごとの物語が描かれていますので、枚数が多いながらも、とてもわかりやすく、単純明快なところがあります。

ワンドは火のキャラクターで、ドキドキ、ワクワク、ノリ、勢いの物語

ソードは風のキャラクターで、情報やコミュニケーション、伝達の物語
カップは水のキャラクターで、感情、潜在意識、心の共有、愛の物語
ペンタクルは地のキャラクターで、お金や物質、所有、形あるものの物語
と、なっています。

たとえば、正位置か逆位置かにもよりますが、

金運について占うなら、ペンタクルのカードが出てきたほうがいいですし、恋愛で相手の気持ちを占うなら、カップのカードが出てきて欲しいものです。

言葉がらみのことや、外科手術や歯の治療のように切ったり削ったりすることについて占う場合は、ソードのカードが出てきやすくなります。

また、大アルカナもそうですが、小アルカナは特に、ワンド、ソード、カップ、ペンタクルが、占う内容によって何かに当てはまったり、カードの中に登場する人物が、占う内容に関する実際の誰かに当てはまったりすることが多いです。そ

のあたりが醍醐味ともいえるんですね。

たとえば、「ワンドの8」の絵柄は、メールをバンバン送信しているようにも見えますし、「ソードの6」の絵柄は、知り合いの誰かに船を漕いでもらっている、つまり後押しをしてもらっているのかもしれません。

コートカードが表す人物の意味

小アルカナに関しては、コートカードという人物カードもあります。

各スートに、ペイジ、ナイト、クイーン、キングの4人が登場します。

このカードが出てくる時は、現象としての意味合いと、思い当たる人物としての意味合いがあります。

コートカードは、基本、正位置の場合はいい意味やいい人で、逆位置になると自己中心的な要素が出てきます。

「この人ではない！」「何だか合わない！」「振る、振られる！」などという状況の時も、コートカードが逆位置で出たりします。

どんな人と出会うのかを占っていて、コートカードが出てきたのなら、絵から受けるインスピレーションとカードの意味合いをいろいろとミックスさせて回答していきましょう。そのような人物との出会いとなります。

「正位置」と「逆位置」の違い

カードを引いたり、展開したりした時に、天地が逆さまの向きで出ることを「逆位置」といいます。これは、大アルカナでも小アルカナでも同じです。

同じカードでも、天地が正しい向きである正位置で出てくる時とは、解釈が変わってきます。

それは、単純に正位置と逆位置では意味合いが正反対になるというわけではありません。カードによって変わってくるのです。

「ワンドの4」のように、正位置と逆位置の意味が変わらないカードもあります。

正位置だけを使って占ってもいい

逆位置を取り入れずに正位置だけで判断すると占う前に決めておけば、たとえ逆位置のカードが出たとしても、すべてのカードを正位置に直して解釈していくこともできます。

この場合は、必ず、占う前に、カードと約束をしておくこと、つまりカードに設定しておくことがポイントです。

外出先などで、カードを大きく広げ、上下ぐちゃぐちゃにしてシャッフルできない時などは、トランプのようにシャッフルすればいいので、便利に使えます。何かを知りたい時に、パッと1枚引きをして、オラクルカードのように使ってもいいのです。

また、丸い形のカードなども、引いた時に横向きで出てきたりしますから、正位置だけで判断すると、占う前に設定しておくといいでしょう。設定するのは、心の中でそう決めるだけで大丈夫です。

TAROT CARD

タロット占いはどうして当たるの？

TAROT CARD

意味のある偶然の一致が起こる

タロットカードが当たる理由は、ズバリ「シンクロニシティ」です。
つまり、意味のある偶然の一致。
時間と空間を超えた天からのお知らせが、タロットカードに出てくるというわけです。

絵を見て湧き上がるインスピレーションもどんどん使いましょう。
その場に出たタロットカードを通して、いろんなインスピレーションが降りてきます。

カードの絵も、その時々によって、目に入る部分やフォーカスする部分が変わったり、違う感じに見えたりするものです。

なので、カードの意味だけで解釈するのではなく、あなたの感覚もジャンジャン、バリバリ使ってください。

慣れてくると、カードを通してどこかにつながって、あなたの意志に反して、話が止まらなくなることがあります。自分を通して誰か別の人がしゃべっているような感覚です。

こうなったら、ある意味、しめたもの！

TAROT CARD

カードの意味をキャラで覚えよう

TAROT CARD

ゲーム感覚でカードの特徴をつかむ

これからタロット占いを始めようとする人や、タロット占いの初心者にとって、一番のネックになるのは、それぞれのカードの意味を覚えることです。大アルカナだけでも22枚、小アルカナも加えると78枚、そしてそれぞれが「正位置」と「逆位置」で2倍になるわけですから、実に、156どおりもの意味を解読する必要があります。

「習うより慣れろ！」で、経験を積んでいけば自然に覚えていくものなのですが、ざっくりと感覚的に意味をつかむのに効果的な方法はないものかと、ずっと考えてきました。最初はもちろん、解説本などを読みながら占っていいのですが、やはりそれぞれのカードのおおまかな意味をつかんでいるのといないのとでは、進歩の度合いに差が出るのです。

そこで、私がタロット占いを始めたばかりの頃、各カードをゲームのキャラのようにイメージして覚えていたことを思い出しました。

大アルカナの「0　愚者」正位置は、「な〜んにも考えていない生粋の自由人」キャラで、逆位置は「あまりに自由すぎて危なっかしい」キャラ、といった具合。こうして覚えると、不思議なことになかなか忘れないのです。

この本では、それぞれのカードをキャラに見立て、そのおおまかな特徴がすんなりと頭に入り、ざっくりとイメージできるようイラスト化して、キャラ図鑑にしました。

大アルカナでは、よりいっそうわかりやすくなるように、4コママンガにもしています。

これによって、カードがあなたに伝えようとしているメッセージが読み取りやすくなると期待しています。

また、私の経験上、タロットで占うテーマは、大きく「仕事・お金」に関することと「人間関係・恋愛」に関することが多いようです。

そのどちらかの占いでカードが出た時に参考になるキーワードも紹介しています。

タロットカードの1枚1枚が、親しみやすいキャラとなり、あなたが知りたいことを伝えるメッセンジャーとなってくれることを心から願っています。

第2章

「大アルカナ」キャラ図鑑

0

THE FOOL

愚者

表の顔（正位置）

・このカードのキャラ・

何も考えていない 生粋の自由人

ワンワン
僕は生まれながらの自由人さ！
どこに行くんだ？
あっちのほうがにぎやかだ！行ってみよう
崖から落ちちゃうよ〜。ワンワン
あわわ
飛び越えればいいじゃん！スリルある〜

0
THE FOOL.

キーワード

- ◆ノリと直感で行動する
- ◆自由でのびのびしている
- ◆何も考えていない

カードが伝えるメッセージ

目的や目標、計画はなくても「何とかなる！」

この若者は、その時々のノリと直感で行動し、現実や未来、相手のことなどは、何も考えていません。束縛されたり、常識やルールに合わせたりするのが苦手で、いつも自由でいたいのです。この先は、どう転ぶかわかりません。目的や目標、計画性などはなく「何とかなるでしょ！」と気軽な雰囲気でその日暮らしをしています。

仕事・お金

何も考えていない、自由な仕事のしかたを好む、ルールを守るのが苦手、フリーランス、個人事業主、無職、計画性なし、貯めずに使う、どう転ぶかわからない

人間関係・恋愛

何とも思っていない、自由でのびのび、好きでも嫌いでもない、束縛されたくない、忘れている、結婚は考えていない、自由でいたい、若い人との出会い

ADVICE ☞ 直感が大事！　もっと自由に、今を楽しもう

0

THE FOOL

愚者

裏の顔（逆位置）

キーワード

- 何も考えずに方向転換
- ルールや常識からの逸脱
- 気まずくなったら逃げる

・このカードのキャラ・

あまりに自由すぎて危なっかしい人

カードが伝えるメッセージ

目的や方向性が定まらずフラフラしているのが心配

このカードは、表の顔と裏の顔でそこまで意味は変わりません。しかし、逆位置は自由奔放さが増して、失敗したり、反感を買ったりする可能性が高くなります。何も考えずに始めてしまう、終わりにしてしまうなど、見ていて危なっかしい雰囲気。今のところ、目的や方向性は定まっていません。その日暮らしで、フラフラしています。

仕事・お金

考えや計画性がなさすぎる、何とも思っていない、責任感がない、気が変わる、自由でいたい、ルールを守れない、その時のノリ重視、どう転ぶかわからない

人間関係・恋愛

何とも思っていない、将来を考えていない、その時の気分やノリで動く、束縛されたくない、気まずくなったら逃げる、自由でいたい、責任感の欠如

ADVICE ☞ 直感を大切にしつつ、周りの意見も聞いてみよう

1

THE MAGICIAN

魔術師

表の顔（正位置）

THE MAGICIAN

キーワード

◆新しくスタートする
◆専門分野を生かす
◆物事を素敵に表現する

このカードのキャラ

自信を持って スタートさせる人

さあ、寄ってらっしゃい。見てらっしゃい。魔術が始まるよ
どんなことでもできるよ。私に不可能はない！
お客さんリクエストは？
もっと若くなりたいわ！
エイ！
ピカッ！
あららちょっと若すぎたか！

カードが伝えるメッセージ

躊躇《ちゅうちょ》しているなら思いきって始めよう

「愚者」は、何も考えていませんでしたが、「魔術師」は、新しいことを始めるカード。躊躇していることがあれば、思いきって始めてみるといいでしょう。魔術師は自信があってやる気十分。伝える力が豊かで話も面白く、周りの人たちを魅了します。専門的知識やすばらしい技術を身につけているスペシャリストです。

仕事・お金

新しく始める、起業する、独立する、やる気がある、技術や才能がある、準備が整っている、頭の回転が速い、専門分野に強い、ワクワクしている、若い男性

人間関係・恋愛

新しい出会い、テンションが高い、話が面白い、一緒に何か始める、専門的な知識がある人、新しい恋の始まり、恋愛や結婚生活のスタート、若い知的な男性

ADVICE ☞ 始めよう。それでOK。表現しよう

1

THE MAGICIAN

魔術師

裏の顔（逆位置）

THE MAGICIAN.
I

キーワード

- スタートできない
- 自信がない、準備が整っていない
- ペテン師

このカードのキャラ

なかなかスタートしない人

ええと～何か足りないなぁ
ザワ
ザワ
ザワ
ザワ
まだ始まらないの？
いつまで待たせるんだ!?
もう少しお待ちください
何とかしてごまかそう！
みんなすぐに眠くなる眠くなる～
zzz…
zzz…
zzz…
ピカッ！

カードが伝えるメッセージ

頭の回転の速さが裏目に。信用できない言動に注意

「スタート」を意味するカードが裏の顔になるので、スタートできません。それは、自信や勇気の欠如や準備不足、あるいは、技術や知識がまだリリースできないレベルなのかもしれません。頭の回転の速さがマイナスに出るので、言葉巧みに言い訳をしたり、相手をコントロールしたりするなど、信用できない言動が目につきます。

仕事・お金

なかなか始めない（始められない）、準備不足、技術や知識不足、自信がない、口ばかりで実行力がない（信用できない）、肝心なことをごまかす、資金不足

人間関係・恋愛

言うことがコロコロ変わる、ペテン師、口ばかりで信用できない、約束を守らない、言動が一致しない、テンションの低下、恋愛や結婚をする気がない

ADVICE ☞ 今は進めずに、しばらく様子をみよう！

2

THE HIGH PRIESTESS

女教皇

表の顔(正位置)

THE HIGH PRIESTESS

キーワード

- ✦規則正しい生活をする
- ✦白黒はっきりさせる
- ✦直感力を発揮する

・このカードのキャラ・

清く正しく美しい尼さん

自分に厳しいクールビューティ
それが私
瞑想タイムは終わり
次は仕事ね
誰かに見られている気配が!
ん?
声をかけたいけど無理!
ドキドキ
イケメンかしら?

カードが伝えるメッセージ

ストイックに物事をきちんとこなす

この女性は、規則正しい生活を送っています。白黒はっきりさせることが好きで、だらしないことは好みません。勤勉で仕事熱心、そして、自分に厳しく、少々完璧主義なため、隙がありません。なので、とても美しいのに、声をかけにくい雰囲気を漂わせています。また、直感力が鋭く、サイキックな能力を兼ね備えています。

仕事・お金

仕事熱心、真面目な雰囲気、納期を守る、几帳面、自他共に厳しい、仕事ができる女性、きちんとやったことは十分に評価される、しっかりした管理能力

人間関係・恋愛

お堅い雰囲気、隙がないのでリラックスできない、きれいだけど話しかけにくい女性、どことなく壁があるのを感じる、緊張感、なかなか打ち解けられない

ADVICE ☞ 目の前のことをきちんとやればうまくいく

2

THE HIGH PRIESTESS

女教皇

裏の顔（逆位置）

THE HIGH PRIESTESS

キーワード

- 細かいところまで追求しすぎる
- 視野が狭くなる
- ヒステリーを起こす

このカードのキャラ

こだわりすぎて 視野が狭い

視野が狭くて 頭でっかち
それが私
うまく書けない。ああ、イライラする！
誰か、来て！
部屋が汚いから仕事に集中できないわ！
すぐ掃除します
こんなときは深呼吸して
落ち着かなくちゃ！

カードが伝えるメッセージ

煮詰まったら深呼吸で心にゆとりを持とう

水晶が乗った頭が下になり、非常に頭でっかちで、視野が狭くなります。1つのことや細かいことにこだわりすぎて、イライラしがち。また、白黒はっきりつけすぎたり、思いどおりにいかない自分を許せなかったり。出来事や周りの人が期待どおりにならないとヒステリーを起こすことも。深呼吸をして視野を広げましょう。

仕事・お金

自分の仕事でも他人の仕事でも少しのミスでイライラ、思いどおりにいかずストレスが溜まる、完璧主義すぎる、自分のことで頭がいっぱい、管理能力の低下

人間関係・恋愛

ピリピリオーラが出ていて近寄りにくい、怒りを溜め込んでいる、こだわりが強く視野が狭すぎる、価値観の押しつけ、考えすぎてうまくいかない

ADVICE ☞ 白黒はっきりつけすぎず、グレーも楽しんで！

3

THE EMPRESS

女帝

表の顔（正位置）

このカードのキャラ

心身ともに満足している優雅な女性

また妊娠しちゃった幸せだわ〜♥
母上〜。お腹がすいたよ
あらあらちょっと待ってね
わーい！おいしそう
ほら、何でも好きなものを出してあげるわ
ワシもお腹がすいたな〜
もう1人増えるんだからあなたも出せるようになって♥

III
THE EMPRESS.

キーワード

- ◆美しい、かわいい、大好き
- ◆さまざまなことを創造する
- ◆幸せで満足している

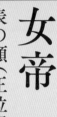

カードが伝えるメッセージ

豊かさで満たされ身も心も大満足！

美しく豊かな雰囲気の女性は、心地よい環境に身を置き、とてもリラックスしています。手で触れるだけで、さまざまなものを創造することができます。そして、好きなことを、好きな時に、好きなだけ楽しんでいるので、身も心も大満足！ハート型の盾に描かれた金星のマークは、女性性や母性、美しさ、豊かさなどの象徴です。

仕事・お金

趣味が仕事で仕事が趣味、クリエイティブな仕事ができる、女性がお客さんの職業、ガツガツ働かなくても大丈夫、美的センスを生かす、豊かで満たされている

人間関係・恋愛

人に恵まれている、癒される存在、美しく魅力的な女性、本命の女性、母性を感じる、とてもリラックスしている、愛されて満足している、妊娠の可能性

ADVICE ☞ まず自分が満足しよう。おしゃれを楽しもう

3

THE EMPRESS

女帝

裏の顔（逆位置）

キーワード

- ◆面倒なことを他人任せにする
- ◆だらしない、ダラダラしている
- ◆おせっかい、押しつけがましい

・このカードのキャラ・

楽なほうに流される誘惑に弱い人

好きなだけ食べられるって
幸せだわ〜
好きなだけ飲めるって
最高だわ〜
お金も使い放題！いくらでも買っちゃう
J&G
妻よ 我が家は破産じゃ！
ガーン！ その前に止めてよ！

カードが伝えるメッセージ

だらしなく流されないよう注意

恵まれた現状に甘えが出て、楽なほうに流されていきます。表の顔では「好きなことを、好きな時に、好きなだけ！」というスタンスですが、裏の顔では、それに歯止めが利かなくなります。食べすぎ、飲みすぎ、散財、相手に対する甘えすぎや依存……。欲求が止まらない原因に目を向けず、代替えで満たそうとしてもうまくいきません。

仕事・お金

やる気が出ない、肝心なことは先延ばし、休憩ばかり、とにかく楽しようとする、人任せ、会社に依存、お金をダラダラ使ってしまう、欲求が止められなくて散財

人間関係・恋愛

わがまま、面倒なことは他人任せ、おんぶに抱っこ、共依存、時間にルーズ、おせっかい、子離れできない、母性が強すぎる、尽くしすぎて飽きられる、倦怠期

ADVICE ☞ もう少しちゃんとしよう。自分を大切に

4

THE EMPEROR

皇帝

表の顔（正位置）

IV
THE EMPEROR.

キーワード

- ◆とても安定感がある
- ◆何があっても揺るがない
- ◆リーダーシップを発揮する

・このカードのキャラ・

安定感があって基本的には大丈夫！

ワシは偉大な皇帝である！
黙ってワシについてこい！
寝室のカーテンを新調してもいいかしら？
ダメじゃ！ワシは今のが気に入っとる
僕、外国で勉強してきていいかな？
ダメじゃ！ずっとワシのそばにいろ
保守的でつまらないのよね
頑固おやじめ！
万事安泰じゃ！

カードが伝えるメッセージ

自信に満ちた態度で目標を達成する

どっしりとした石の椅子に座っています。保守的で、少々頑固ではありますが、ちょっとやそっとのことでは揺るがない安定感や維持力があります。自信に満ちていて、リーダーシップを発揮し、父親、店長、部長、社長など、さまざまな範囲での責任者で影響力があります。刺激的な要素はあまりなく、安定しています。

仕事・お金

安定している、継続力や忍耐力がある、基本的には大丈夫、リーダーシップを発揮、影響力がある、安定している会社、尊敬できる上司、顧客、安定した収入

人間関係・恋愛

安定している、尊敬（信頼）している、リーダー的存在、ケンカしても元どおり、頑固で謝らない、年上の男性との出会い、刺激は少ないが安定した関係

ADVICE ☞ 継続しよう。安定しているから自信を持って

4

THE EMPEROR

皇帝

裏の顔（逆位置）

THE EMPEROR.

キーワード

- 人の意見に耳を貸さない
- 自分の思いどおりに人を支配
- 不安定、継続できない

・このカードのキャラ・

横暴で身勝手な裸の王様

ワシは偉大な皇帝…のはずが
この椅子は傾いておるぞ！
もっと丈夫な椅子を持って来い！
今すぐじゃ！
もう夜も遅いので明日お持ちします
ワシの言うことが聞けないのか！おまえはクビだ！
まあまあ落ち着いて
みんな出て行け！！
すぐ出て行きます。椅子は自分で直してくださいね

カードが伝えるメッセージ

周りを変えようとせず足元を見よう

絶対に大丈夫！と思っていたことが不安定になります。維持する力も微妙に。権力を間違った方向に使ったり、自信がなく弱気になったり、反対に自信過剰になったりして、リーダーシップをうまくとれません。こだわりや頑固さが強くなり、融通が利かなくなって孤立モードに。周りを変えようとせず、足元を見る必要があります。

仕事・お金

仕事が安定しない、自信を失う、大風呂敷を広げる、実行力がない、ワンマンなふるまい、リーダーシップを発揮できない、就職できない、経済力が不安定

人間関係・恋愛

謝らない、自分が正しいと思い込んでいる、支配的な言動、関係性が不安定、自信がない、プライドが傷つく、交際が長続きしない、現実的生活力のない人

ADVICE ☞ 先に進めるより、土台を整えることが大事！

5

THE HIEROPHANT

法王

表の顔（正位置）

このカードのキャラ

みんなに信頼され慕われている人

世の中は、こういうしくみになっておる！
なるほど！
わかりやすい！
待たせてすまん！結婚式を始めよう
お待ちしていました
これにて結婚は無事成立！
法王様ありがとうございます
今日も忙しかったが充実した1日だった。明日も頑張ろう！

V
THE HIEROPHANT

キーワード

- ◆契約成立
- ◆信頼関係を構築する
- ◆仲間と一緒に何かをする

カードが伝えるメッセージ

人と人をつなぐことや契約成立にも尽力

世の中のしくみや法則、ルールなど、難しいこともわかりやすく教えてくれます。カードの絵では、「法王」は教育者で、話を聞いているのは生徒に見えてきます。彼らの間には信頼関係があります。また、人と人とを結びつけたり、結婚式などの儀式や何かの契約を行ったりしているようにも見えます。よって、契約成立も意味します。

仕事・お金

教え方が上手、いい上司・部下、信用できる会社、契約成立、面接に受かる、良い仕事を紹介される、わかりやすいプレゼン、協力し合うといい、金運良好

人間関係・恋愛

信頼している、敬語を使うような少し距離のある関係、優しく教えてくれる、紹介してもらうといい、信頼できる人との出会い、結婚につながる恋愛、結婚成立

ADVICE ☞ 頼ったり、協力し合ったりすると、うまくいく

5

THE HIEROPHANT

法王

裏の顔（逆位置）

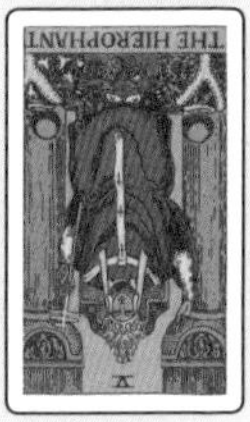
THE HIEROPHANT

キーワード

- ◆話がまとまらない
- ◆約束を守らない
- ◆裏の手を使う

・このカードのキャラ・

正しいことを教えてくれない人

～であるからして～となり、ダラダラ～
話が長すぎる！
全然、わからない
もっと学びたかったらお金を払いなさい
嫌なこった！
もう行こう！
結婚式かぁ。疲れたからドタキャンしよう
法王はどうして来ないの？
ひどい！
POTATO

カードが伝えるメッセージ

周囲の人から迷惑がられないよう注意

意味は、表の顔とほぼ真逆になります。表の顔は精神性の高い教祖、裏の顔は精神性の低い教祖という雰囲気。信頼関係がないので、契約や紹介、面接や共同作業などもうまく進みません。教えることも、話が長すぎたり、わかりにくかったり、本人の私利私欲が混じっていたりします。話を聞くほうも集中力が欠けています。

仕事・お金

契約不成立、チームワークがうまくいかない、意図が不明、下手なプレゼン、信用できない、ダラダラ長い会議、変な話にだまされる、お金の貸し借りに注意

人間関係・恋愛

約束を破る、話が通じない（まとまらない）、信用できない、疑いを抱く、距離が縮まらない、反対される、正攻法ではうまくいかない、不倫関係、結婚不成立

ADVICE ☞ もっと丁寧な説明を。ずるさや裏の手も大事

6

THE LOVERS

恋人

表の顔（正位置）

VI
THE LOVERS.

キーワード

- 良い選択
- ときめいている
- 遊んでいるように仕事をする

・このカードのキャラ・

トキメキながら楽しんでいる

愛してるよ♥
私も大好き♥
いつまで続くかな？目を覚ませ！
大丈夫だから黙ってて！
さて、私は誰でしょう？
誰も私たちの邪魔はできないわ
楽園を追放されないよう気をつけて！

カードが伝えるメッセージ

楽園にいる恋人たちは今のところハッピー

エデンの園にいるアダムとイヴが、熱烈に愛し合っています。幸せで平和な状況で、のんびりと楽しく過ごし、今のところ何の心配もいりません。左側の女性に迷っている雰囲気があり、選択を意味するカードでもあります。表の顔なら良い選択を表します。真ん中の大天使は、誰なのでしょう？協力し合えるといいですね。

仕事・お金

仕事が遊びで遊びが仕事、心配無用、楽しい職場、人をつなげたり人と関わったりする仕事、好きなことを仕事にする、良い選択、楽しいことにお金を使う

人間関係・恋愛

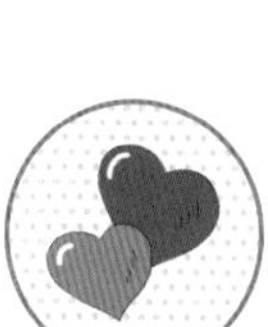

一緒にいて楽しい、ときめいている、好感を持っている、和気あいあい、みんなでやると楽しい、素敵な出会い、相思相愛、相性がいい、いい人を紹介される

ADVICE ☞ 何も心配いらない。今を楽しもう！

6

THE LOVERS

恋人
裏の顔（逆位置）

キーワード

◆ 間違った選択
◆ 楽なほうに流される
◆ 飽きる

このカードのキャラ

誘惑に弱く すぐに流されやすい

カードが伝えるメッセージ

甘い誘惑やおいしい話に簡単に乗らないこと

　アダムとイヴは、楽なほうに流されるため、誘惑に負けて、禁断の果実を食べてしまう可能性が高まります。甘い誘惑やおいしい話には注意が必要です。また、目先のことにとらわれて、間違った選択をしやすくなります。真ん中の大天使は、2人を邪魔する存在かも。平和で楽しく、何の心配もなかった状態は、微妙になってきます。

仕事・お金

仕事に身が入らない（飽きる）、楽しいがお金にならない、おいしい話にだまされやすい、チームがまとまらない、邪魔が入る、選択ミス、お金にだらしない

人間関係・恋愛

楽しくなくなる、うまく断れない、間違った選択、仲間割れ、出会いがない、マンネリ状態、甘い誘惑に流されやすい、遊びの恋、現実逃避、相性が微妙

ADVICE ☞ おいしい話に気をつけて。よく考えて選択を

7

THE CHARIOT

戦車

表の顔（正位置）

VII
THE CHARIOT.

キーワード

- ◆スピードアップ
- ◆移動・旅行・引越し
- ◆自立・独立

・このカードのキャラ・

目標に向かって猪突猛進に突き進む

スピード全開で
突っ走るぞ！
壁があっても壊して進むのみ！
障害物も何のその！
あ、前方に目標を確認！
ようやくつかまえた！
いや〜ん、でもちょっと嬉しい♥

カードが伝えるメッセージ

素早く前進して勝利をつかみ取ろう

所属していたところから、すごいスピードで自立・独立していきます。どんな壁が現れようと、猪突猛進に突き進み、勝利をつかみ取ります。やる気満々！　また、乗り物に乗ったカードは、移動、旅行、引越しなども暗示。黒と白のスフィンクスは、この男性の心のバランスか、知り合いの誰かを表しているのかもしれません。

仕事・お金

独立・移動、仕事や返事が早い、勝利、展開が速い、行動力あり、乗り気、押しが強い、早く進めたい、目標へ突き進む、決断が速い、稼ぐ力、勢いよく使う

人間関係・恋愛

好奇心旺盛、やる気満々、自立モード、行動力がある、積極的に関わりたい、押しが強い、テンション高め、移動中の出会い、目まぐるしい展開、スピード婚

ADVICE ☞ スピードアップを！　積極的に行動しよう

7

THE CHARIOT

戦車

裏の顔（逆位置）

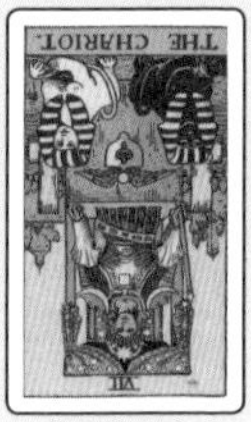

キーワード

- あせって失敗する
- 見切り発車する
- 二兎を追う者は一兎をも得ず

・このカードのキャラ・

あせって暴走し失敗してしまう

カードが伝えるメッセージ

冷静に周りの状況を確かめることが大事

戦車がバランスをくずして、前進することができません。スピードのコントロールが利かず、勢いよく飛び出して、ひっくり返ることも。もう少し冷静に周りの状況を確認して、物事を進めましょう。また、以前のテンションを喪失してやる気がなくなった場合や、今は進めるタイミングではない！という時にも、このカードが出ます。

仕事・お金

無理に進めて失敗、あせって失敗、バランスが良くない、仕事との両立ができない、うまく進められない、やる気の喪失、退散、お金の使い道を間違える

人間関係・恋愛

話が先に進まない、ドタキャン、やる気がない、行きたくない、空回り、タイミングを失う、あせって失敗、テンションを喪失、二兎を追う者は一兎をも得ず

ADVICE ☞ 今は進めなくていい

8

STRENGTH

力

表の顔(正位置)

VIII
STRENGTH.

キーワード

- 一筋縄でいかないことに手を焼く
- あの手この手を使おうとする
- 苦手意識がある

このカードのキャラ

困難なことを何とか乗り越えようとする

ライオンだわ。どうしよう
ガルル〜 食べちゃうぞ〜
シャッ!
どうしたの? お腹がすいてるの?
ガルル?
よしよし、いい子ね。おやつをあげるわ
内なるパワーで うまく手なずけたわ!

カードが伝えるメッセージ

猛獣と女性の配役を考えてみよう

このカードの「力」は精神力。猛獣を手なずけようとしている女性は、あなたか、もしくは、知り合いの誰かです。猛獣は、目の前に立ちはだかる困難や人、自分の欲望などを表しています。一筋縄ではいきませんが、どうにかこうにか乗り越えていこうとしています。猛獣と女性の配役が誰なのか、何なのかを、考えてみましょう。

仕事・お金

結構大変だけど何とかしようとしている、スムーズにはいかない、手こずっているがあの手この手を使っている、努力が報われる可能性あり、欲望との戦い

人間関係・恋愛

一筋縄ではいかないが何とか乗り越えようとする、スムーズではない、反抗的、扱いにくい相手、あの手この手を使う、どうにかこうにか説得する（される）

ADVICE ☞ まるっと受け入れ、見守る心の広さも大事

8

STRENGTH

力

裏の顔（逆位置）

キーワード

- 無理に進めようとする
- 途中で諦める
- 欲求や欲望に負ける

このカードのキャラ

障害を乗り越えられず挫折してしまう

カードが伝えるメッセージ

無理することなかれ！
少しずつ進めよう

女性は、困難や欲望などを表す猛獣に噛まれ、手なずけることに失敗しています。つまり、困難や欲望を乗り越えられません。猛獣が自分の欲望だとしたら、食欲に負けてダイエットに失敗したり、人であれば、無理にコントロールしようとして反抗されたりします。無理をせず、相手の立場になり、段階を踏んで進めましょう。

仕事・お金

思いどおりにいかず挫折する（諦める）、キャパオーバー、手に負えない上司や部下または顧客、説得や交渉に失敗、コントロールできない、欲望に負ける

人間関係・恋愛

何とかしようとしてもうまくいかない、どう接していいのかわからない、手に負えない、甘えられない、説得できない、口説けない、諦める、欲望に流される

ADVICE ☞ 段階を踏んで、無理なく進めよう

9

THE HERMIT

隠者

表の顔（正位置）

IX
THE HERMIT.

キーワード

◆好きなことにハマる
◆内側にこもる
◆あまり人と交流しない

・このカードのキャラ・

あまり人と関わらず自分の世界に入り込む

今日も誰にも会わず1日が終わるな
さぁ、今夜も思う存分研究に没頭するぞ！
1人で好きなことをしていられれば幸せだ
もう朝か。そろそろ寝よう

カードが伝えるメッセージ

独自の世界観を持ち思慮深く行動する

この老人は黒いコートを着て、外界をシャットアウトし、人里離れたところにいます。1人の時間を大切にし、あまり人と関わろうとしません。右手に持った灯は、好きなことや理想の象徴で、それに忠実なことの表れ。独自の世界観があり、得意なことにはマニアックで詳しく、知る人ぞ知る職人や博士のような存在かもしれません。

仕事・お金

独自の世界観がある、表現しないタイプ、あまり人と接したくない、マニアック、独学、研究者、専門知識を生かす、時間がかかる、好きなことにはお金を使う

人間関係・恋愛

人と交流したくない、放っておいてほしい、心を開いていない、一途だが表現しない、気持ちを伝えるのが苦手、明るい服を着て自分の心を見せると◎

ADVICE ☞ もっと心を開こう。専門知識を生かそう

9

THE HERMIT

隠者

裏の顔（逆位置）

THE HERMIT
IX

キーワード

- ✦ 見て見ないふりをする
- ✦ 過去に生きる
- ✦ 傷つくことを恐れる

・このカードのキャラ・

心を閉ざして自分の心も見ないふり

おっと
灯りが見えると
人に見つかるかも
しれん
コンッ コンッ コンッ
誰だ？
放っておいてくれ！
いるんだろ〜。
外は気持ちいいから
出てこいよ
コンッ コンッ コンッ
大きなお世話だ
ちょっと出てみる？
いいや、外も人も怖い！

カードが伝えるメッセージ

恐れや自信のなさが邪魔をして孤独に

好きなことや理想の象徴である右手に持った灯りを、黒いコートの中に包み隠してしまいます。周りに対して心を閉ざしたまま、傷つくことへの恐れや自信のなさから、自分の心さえも見て見ぬふりをします。頑なに心を閉ざして、人も自分も認めようとしません。1人の時間が必要な様子。外に出てくるのには時間がかかりそうです。

仕事・お金

表現下手、閑古鳥《かんこどり》が鳴く、営業が苦手、視野が狭い、時間がかかる、人と接するのが苦手、こだわりが強すぎる、お金をかけるべきところにかけない

人間関係・恋愛

心を閉ざしている、本心を語らない、コミュニケーションがうまくとれない、1人になりたい、ほかのことにハマり中、過去にこだわる、恋愛モードではない

ADVICE ☞ もっと自分を出すことも視野に入れよう

10

WHEEL OF FORTUNE

運命の輪

表の顔（正位置）

WHEEL of FORTUNE

キーワード

- チャンスをつかむ
- スムーズな展開
- タイミングばっちり

・このカードのキャラ・

チャンス到来！すべてがトントン拍子

吉凶がクルクル回るよ～
運命をガチャンと切り替えるよ～
善の神様が上昇するからチャンス到来さ！
タイミングもばっちり！どんどん行こう！
調子に乗りすぎないようにね～
ピュ～ン

カードが伝えるメッセージ

善の神様が味方について スムーズに進む

「運命の輪」は、吉凶がクルクル回っています。スフィンクスが、運命を切り替える剣を持っています。表の顔では、右側にいる赤いキツネのような善の神様が味方につくので、チャンス到来。タイミングがばっちり合って、トントン拍子！輪の周りにいる人、ワシ、ライオン、ウシは、あなたの周りの人物や状況を表していることも！

仕事・お金

チャンス到来、タイミングばっちり、スムーズな展開、企画が通る、合格する、トントン拍子、契約できる、発展する、流れに乗っている、お金のめぐりがいい

人間関係・恋愛

楽しい人間関係、スムーズな展開、タイミングが合う、トントン拍子、発展する、動き出す、好感を持っている、一緒にいて楽しい、話や波長が合う、返信が来る

ADVICE ☞ チャンスが到来しているので積極的に行動しよう

10

WHEEL OF FORTUNE

運命の輪

裏の顔（逆位置）

キーワード

- タイミングを逃す
- 噛み合わない
- 先に進まない

このカードのキャラ

タイミングを逃して先に進めず空回り！

吉凶がクルクル回るよ～
運命をガチャンと切り替えるよ～
魔物が上昇するから不運・停滞期だね
タイミングを外す！
チャンスも逃げる！
ガガガッ
ギギギッ
今はじっとがまんの時だよ

カードが伝えるメッセージ

神様が運を調整してくれると信じて待とう

裏の顔では、ヘビの姿をした悪の象徴が上に回ってくるので、タイミングやチャンスを逃したり、停滞したりと、思いどおりにいきません。今は物事を進めるタイミングではないので、神様が運を調整してくれているのでしょう。輪の周りにいる人、ワシ、ライオン、ウシは、あなたの周りの人物や状況を表していることもあります。

仕事・お金

タイミングが合わない、噛み合わない、話が通じていない、方向性の違い、空回り、相手のニーズに合わない、停滞気味、集客できない、お金回りが良くない

人間関係・恋愛

タイミングが合わない、方向性が合っていない、気持ちが噛み合わない、なかなか会えない（出会いがない）、返信が来ない、チャンスを逃す、邪魔が入る

ADVICE ☞ 今はタイミングではない。進めずに様子を見て

11

JUSTICE

正義

表の顔（正位置）

XI
JUSTICE.

キーワード

- ✦物事を客観視する
- ✦感情に流されない
- ✦バランスをとる

・このカードのキャラ・

物事を冷静に判断する裁判の女神

絶対に不正は許さない！
正しく裁きます
どうかお許しください
殺人の罪で有罪！
どうかお許しください
盗みの罪で有罪！
仕事が終わったらバランスボールで気分転換！
ボヨ〜ン
これが楽しい〜♪

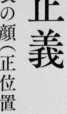

カードが伝えるメッセージ

理性的な判断で白黒はっきり

冷静に、客観的に、公平に、物事を判断する裁判の女神。とても理性的で、感情に流されることはありません。右手に持った剣で、白黒をはっきりつけたり、バッサリと切り捨てたりします。左手の天秤は、バランスをとる、または、欲しいものはこちらから先に与えることで手に入れることを意味しています。訴訟関係では有利な判決が。

仕事・お金

正当に評価される、役割分担、切り替え上手、バランスをとる、決断力がある、両立できる、メリットデメリットで判断、無駄な仕事はしない、金銭管理能力

人間関係・恋愛

冷静沈着、メリットデメリットで判断、気持ちをあまり表現しない、客観的に見ている、フィフティフィフティ、見定める、比較して考える、調整役、お見合い

ADVICE ☞ 欲しいものは先に与えるとめぐってくる

11

JUSTICE

正義

裏の顔（逆位置）

JUSTICE
XI

キーワード

- 見返りを求める
- バランスが良くない
- 優柔不断

・このカードのキャラ・

優柔不断で感情に流される裁判の女神

裁判官なんてガラじゃないのよね～
ユラ
ユラ
ユラ
ユラ
私は無罪です！
う～ん そう言うならそうかもね
ユラ
ユラ
私は盗んでいません！
だったら無罪？いや やっぱり有罪？
ユラ
ユラ
もう飽きちゃったから全員無罪でいいわ！
ドテッ

カードが伝えるメッセージ

正しい判断ができなくなるので注意

右手の剣を使いこなせず、優柔不断や早とちりなどで物事を正しく判断できなくなります。剣は手術なども意味するので、腕が良くない外科医と出ることも。また、バシッと切る、省く、排除する意味もあります。左手の天秤のバランスがくずれるので、物事の調整や役割分担がうまくいかなくなります。訴訟関係では不利な判決が出そう。

仕事・お金

決断できない、判断ミス、不合格、退職する、優柔不断、両立できない、調整できない、バランスが悪い、頑張っても評価されない、お金の使い道を見直す

人間関係・恋愛

偏見、コミュニケーションの断絶、間違った判断、調整不能、違うと思ったら切り捨てる、見返りを求めすぎる、近寄りがたい、こだわりすぎて決められない

ADVICE ☞ 情報や感情に支配されず、自分の心の目で見よう

12

THE HANGED MAN

吊るされた男

表の顔（正位置）

THE HANGED MAN.

キーワード

◆自己犠牲

◆イメージするが実際には動かない

◆あえて大変な状況に身を置く

・このカードのキャラ・

苦しいことが大好物の超ドM!?

ウヒョ〜！ぶら下がるのって楽しいな
ヤーイ！吊るされ男
かかってこいよ！
僕は大丈夫だから何をしてもいいよ！
ピシッ
キャ〜！助けて〜！
助けてあげたいけどぶら下がってるからね
ガルル〜
目をつぶって死んだふりをしようっと

カードが伝えるメッセージ

自己犠牲の精神で苦境もやり過ごす

この男性は超ドMで、吊るされていても辛そうではありません。現実的に苦境であっても、その事情をきちんと理解。イメージは豊かですが、吊るされているためなかなか行動しません。逆さなので視点が変わり、何かひらめいていそうにも見えます。溜め込んでいたストレスや悪事の清算的な意味も。感情や体のデトックスも大事！

仕事・お金

大変だけど充実感あり、仕事に縛られる、これ以上できない、無理をしている、あまり動きがない、ストレス過多、修行、視点を変えるといい、ギリギリな感じ

人間関係・恋愛

がまんしている、動きがない、溜め込んでいる、顔色ばかり伺っている、ルックス重視、考えるが実際に行動しない、苦しい恋愛にハマる、忙しくて会えない

ADVICE ☞ 実際に行動を。感情や体のデトックスを

12

THE HANGED MAN

吊るされた男

裏の顔（逆位置）

キーワード

- ひたすらがまんする
- ただただ苦しい
- あせるだけで行動しない

・このカードのキャラ・

がまんの限界の世界でひたすら過ごす

カードが伝えるメッセージ

身動きがとれないのは自分自身が原因かも

超ドMさがなくなり、ただただ苦しくなります。覚悟ができず、行動もしないので、受け身のまま悪あがきをします。エゴイスティックなので、何かあったら逃げようと思っているのかも。身動きがとれない状態になっている原因は、自分自身かもしれません。ストレス過多で体調不良になったり、隠し事がバレたりする可能性もあり。

仕事・お金

限界にきている、大変で身も心も余裕がない、視野が狭くなる、容量オーバー、思考停止、がんじがらめ、休むことも大事、周りを頼ろう、ゲームオーバー

人間関係・恋愛

がまんの限界、ほかのことで忙しい、束縛しすぎ、不平不満が溜まる、イメージするだけで実際に行動しない、考えすぎ、自己中心的な思考、動きはない

ADVICE ☞ 視野を広く。行動しないと何も変わらない

13

DEATH

死神

表の顔（正位置）

DEATH.

キーワード

- 終わらせる
- 手放す
- 変える

このカードのキャラ

しっかり終わらせて新しく始める

オレは死神。オレが出て来たからには何かが終わるぞ
ギャッ！愛馬が死んでしまった
ん？
川の向こうで誰かがオレを待っている！
泳ぐしかないか。ヨッシャ、わたるぜ！

カードが伝えるメッセージ

変わることを恐れないで楽しんでみよう

「死神」は変化を表すカード。あの世とこの世の境目の門から太陽が昇っているのは、何かが終わって、何かが始まる表れ。私たちは、変化を恐れがちですが、終わる、手放す、受け入れることで、新しい世界の扉が開かれます。苦しいのは、変化を恐れて、しがみついているからでしょう。変わることを恐れないで楽しんで！

仕事・お金

契約終了、企画が通らない、不合格、却下、終了、解散、環境が変わる、ひと段落、手放す、それではない、何かが変わる、やめておこう、お金が足りない

人間関係・恋愛

人間関係の変化、興味なし、その気持ちは終わっている、気持ちが変わる（離れる）、環境の変化、関係の終了、縁切り、腐れ縁は別れたほうが◎、ほかを探す

ADVICE ☞ 変えてみよう。手放すことでレベルアップ！

13

DEATH

死神
裏の顔（逆位置）

キーワード

- 諦めが悪い
- 同じことを繰り返す
- 執着と依存

このカードのキャラ

終わりにしたいのに終わりにできない

カードが伝えるメッセージ

変化は誰にでもやってくる

裏の顔では、変化を受け入れられないため、死にかけたまま死にきれなくなります。手放したほうがいいとわかっていながらも、その勇気がなく、首の皮一枚でつながっている感じです。覚悟が足りず、一線を越えられないので、同じ思考や行動を繰り返して悩んでしまいます。大なり小なり、変化は誰にでもやってくると知りましょう。

仕事・お金

辞めたくても辞められない（辞めさせてもらえない）、転職や起業をしたくても勇気がない、変えたくても変えられない、失敗を繰り返す、収入や金運の頭打ち

人間関係・恋愛

嫌なのに断れない、ダラダラと付き合ってしまう、別れたいのに別れられない、縁切りする勇気がない、腐れ縁、次の段階に進まない、同じようなことで悩む

ADVICE ☞ 逆に、諦めない精神が大事なこともある

14

TEMPERANCE

節制

表の顔（正位置）

XIV
TEMPERANCE.

キーワード

- 混ぜ合わせて新しく生み出す
- 腹八分でやめる
- 相性がいい人や物事がわかる

・このカードのキャラ・

組み合わせて新しく生み出す錬金術師

さあ、お立ち合い！2つのカップの中身を混ぜ合わせます
こぼれ出ないように、慎重に慎重に！
おおっ！いい感じに混ざり合って、新しいものができたわ
もっとやりたいけど適度なところでやめるのが肝心！

カードが伝えるメッセージ

混ぜ合わせればいいものができる

大天使が、カップとカップの中身を混ぜ合わせています。このカップに入っているものは、占う内容によって変わります。何が当てはまるかをイメージしましょう。2つは相性が良く、いい感じに混ざり合って、新しいものを生み出していきます。また、「節制」はその名のとおり、ほど良い節度を表します。何事も腹八分くらいに。

仕事・お金

相性がいい、協力し合える、丁寧に仕事をする、絶妙なバランス、組み合わせると新しいことが生み出せる、8割くらいでOK、金運の流れは安定している

人間関係・恋愛

相性がいい、協力し合える、一緒にいることで新しいものが生み出せる、バランスがいい、気持ちを理解し合える、節度を持った態度、ちょうどいい相手

ADVICE ☞ 腹八分を心がけよう。組み合わせてみよう

14

TEMPERANCE

節制 裏の顔（逆位置）

TEMPERANCE
XIV

キーワード

- うまくなじめない
- 相性が良くない
- 節度を保てない

・このカードのキャラ・

水と油のように混じり合えない

2つのカップの中身、混ぜたいけど混ざらない！
こっちには水 こっちには油。これは混ざらないわ
新しいものを作るはずが失敗しちゃった…
ガブガブ
こうなりゃ、ヤケだ！ 全部、飲み干してやる〜！

カードが伝えるメッセージ

節度を保てず暴走する危険も

カップの中身が水と油になるので、うまく融合することができません。何を言っているのかさっぱりわからなかったり、こちらの意図が通じなかったりします。新しいものも生み出せません。環境にもなかなかなじめないでしょう。また、節度を保てなくなり、飲みすぎ、不摂生、お金の使いすぎなど、自制が利かなくなります。

仕事・お金

噛み合わない、契約できない、なじめない、居心地が悪い、理解し合えない、ニーズに合っていない、力の入れるところを間違えている、収支のバランスが悪い

人間関係・恋愛

価値観が違う、気持ちが噛み合わない、ケンカをする、違和感がある、反対される、求めるものがお互いに違う、ダラダラとした付き合い、理解し合えない

ADVICE ☞ 節度を守ろう。もう少し丁寧に

15

THE DEVIL

悪魔

表の顔（正位置）

キーワード

- 誘惑に負ける
- ずぶずぶとハマる
- 欲望のままに生きる

・このカードのキャラ・

わかっちゃいるけど やめられない！

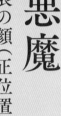

カードが伝えるメッセージ

抜け出せるかどうかは自分で決められる

「恋人」のカード（P50）のアダムとイヴが首輪をつけられ、悪魔に支配されています。我を忘れて、欲望のままに、負の快感に浸っています。しかし、首輪はゆるく、抜け出すか抜け出さないかは、自分で決められます。わかっちゃいるけど、やめられないのです。悪魔は、占う内容により、食欲、借金、性欲、お酒などに姿を変えます。

仕事・お金

ブラック企業、パワハラ、本当は嫌だけど断れない、主従関係、苦手な上司やお客様、良くも悪くも心がとらわれている、お金のために働いている、借金地獄

人間関係・恋愛

支配する（される）、利用する（される）、悪友、いじめ、DV、良くも悪くもずぶずぶとハマる、怪しい誘惑、ストーカー、快楽にふける、不倫、恋愛依存

ADVICE ☞ 悪魔の声に耳を傾けよう

15

THE DEVIL

悪魔

裏の顔（逆位置）

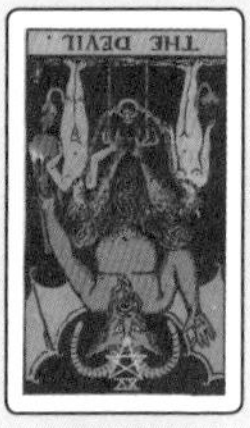

THE DEVIL

キーワード

- 足を洗う
- 悪夢からの解放
- 本当の自分に目覚める

・このカードのキャラ・

とらわれていたことから解放される！

アダムもイヴももう逃げられないぞ！
悪魔め！そうはさせるか
絶対に逃げてやる！
用があって出かけるからこれでも食べて待っておれ！
良かった！お腹がすいてたんだ
ごちそうだわ！
ガラガラ
この鎖ゆるいぞ。簡単に外れるかも
ホントだわ。逃げましょう
あいつら、逃げたな〜！許さん！
スタスタ…
スタスタ…

カードが伝えるメッセージ

苦しみから逃れて本来の自分に目覚める

アダムとイヴは、自ら首輪を解き、自由になります。病魔をはじめ、いじめ、借金、パワハラ、不倫、悪友など、縛られて心が苦しかったことから解放されて、本来の自分に目覚めていきます。また、何かをきっかけに、目から鱗《うろこ》が落ちて改心することもあるでしょう。悪魔が何だったのかは、占いの内容によって変わります。

仕事・お金

大変だった状態から抜け出す、苦手な上司やお客様からの解放、環境が改善される、足を洗う、重荷だったことからの解放、お金の心配や借金苦からの解放

人間関係・恋愛

縛りがなくなる、苦手な人との縁が薄くなる、苦しかった状況が楽になる、改心する、束縛や依存からの解放、不倫関係の解消、別れることで道が開ける

ADVICE ☞ それを手放すことで自由が手に入る

16

THE TOWER

塔

表の顔（正位置）

XVI
THE TOWER.

キーワード

◆青天の霹靂
◆突然のことにびっくりする
◆殻をぶち破る

このカードのキャラ

「青天の霹靂《へきれき》！」のショックを受ける

バベルの塔が完成だ！神様に届くほど高くなったぞ！
ドカ〜ンッ!!
落雷だー！土台にもヒビが入っているんだよ〜。大丈夫かな？
くずれ落ちちゃった…。これは天罰!?
よし、ここからまた復活だ！

カードが伝えるメッセージ

基礎的なところを見直す必要もありそう

「塔」は、絶対に大丈夫！と思っていること。これがいきなり、雷によって打ち砕かれます。このカードが出たら、ショックを受けることが起こりそう。この塔は土台のあたりにヒビが入っているので、基礎的なところを見直す必要がありそうです。絵柄から、事故やケガ、タバコの吸いすぎ、環境の悪さなども読み取ることができます。

仕事・お金

絶対大丈夫と思っていたことがダメになる、トラブル、びっくりする出来事、だまされる、リストラ、契約の破棄、買収、倒産、暴落、破産、急な出費、浪費

人間関係・恋愛

地雷を踏む、怒り心頭、裏切り、嘘がバレる、突然会えなくなる、追い出される、ショックを隠しきれない、衝撃的な出会い、衝撃的な一目惚れ、突然の破局

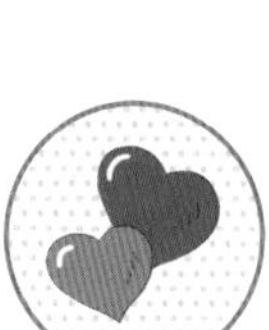

ADVICE ☞ 根本的な原因の直視を。脱皮しよう

16
THE TOWER

塔 裏の顔（逆位置）

このカードのキャラ

気付いた時には ゆでガエル状態

キーワード

- 少しずつ壊れていく
- 精神的に追い詰められる
- 早めに手を打とう

カードが伝えるメッセージ

おかしいと思うことは早いうちに手を打とう

表の顔は、いきなり崩壊しましたが、裏の顔は、ジワジワと崩壊していきます。後になって効いてくる精神的なダメージが特徴。少しでもおかしいと思うことがあれば、見て見ぬふりをするのではなく、早いうちに手を打つ必要があります。放置しておくと少しずつくずれていき、まずいと思った時にはすでに手遅れとなるでしょう。

仕事・お金

ストレスが溜まる、業績の悪化、環境の悪化、不景気、無責任な態度、鬱々《うつうつ》としている、面倒なことに巻き込まれる、信用できない、お金の使い方を見直す

人間関係・恋愛

傷ついている、最悪の一歩手前、濡れ衣、うまくいかない、薄々気付いていたことが現実になる、ずっと引きずっている、精神的にキツい、徐々に壊れていく

ADVICE ☞ まずいと感じていることは早めの対策を

17

THE STAR

星

表の顔（正位置）

THE STAR.

キーワード

- アウトプットが大事
- 浄化、デトックス
- 希望は叶うが時間がかかる

・このカードのキャラ・

出しきることで願いが叶っていく

ひときわ輝くあの大きな星がゴールね
ゴールに到達するにはデトックスしなくっちゃ！
溜めていたものを全部出して、スッキリしたわ！
もう少しで夜が明けるよ
朝になったら願いが叶いそう！

カードが伝えるメッセージ

アウトプットすれば ゴールに近づく

大きな星はゴール、小さな星はそこにたどり着くまでの通過点。手に持っている水瓶から、出せば出すほどスッキリする浄化の涙を放出してデトックス！ ゴールを明確にして、惜しみなくアウトプットすると、願いが叶う方向に導かれていくでしょう。また、夜のカードなので、明るくなる（願いが叶う）まで、多少時間がかかりそう。

仕事・お金

時間はかかるが希望は叶う、だんだん良くなる、先行投資は◎、アウトプットするとレベルアップ、今後の見通しが見えてくる、目標を明確にすると引き寄せる

人間関係・恋愛

少しずつ分かち合える、心を許している、癒される、話を聞いてもらってスッキリ、希望は叶う方向だが時間がかかる、どうなりたいのかを明確にしておく

ADVICE ☞ 目標を明確にしよう。出し尽くそう

17

THE STAR

星

裏の顔（逆位置）

THE STAR.

キーワード

- 目標が見えなくなる
- 予定の延期や変更
- 不摂生

このカードのキャラ

目標を見失ってやりすぎる傾向が

雨雲で星が見えないからゴールもわからないわ
とりあえず、溜まったものは出しておきましょう
大変！いろんなものが出すぎちゃった！
誰か止めて〜！どうすればいいの!?
すぎたるは及ばざるがごとし！

カードが伝えるメッセージ

星が雨雲に隠れて目標や方向がわからない

裏の顔では水が上に来て、雨が降り出します。雨天となり予定の延期や変更が起こります。星たちは雨雲で隠れ、目標がわからなくなってしまいます。また、水瓶からいろいろと出すぎるため、良くない作用がもたらされます。食べすぎ、飲みすぎ、お金の使いすぎ、投資しすぎ、自分をさらけ出しすぎ、愛の与えすぎなどに注意！

仕事・お金

目標が定まらない、延期の可能性、話が流れる、情報の流出、やりすぎて疲れる、集中力がない、期待はずれ、さらけ出しすぎて失敗、浪費癖、限度額オーバー

人間関係・恋愛

予定が流れる、期待はずれ、約束や時間を守らない、尽くしすぎる、疲れている、やる気がない、ダラダラした関係、時間だけがすぎる、結婚にたどり着かない

ADVICE ☞ 限度を決めておこう。デトックスしよう

18

THE MOON

月

表の顔（正位置）

XVIII
THE MOON.

キーワード

- 取り越し苦労をする
- 妄想や幻想に浸る
- 隠し事をする

このカードのキャラ

余計な不安や心配に振り回されている

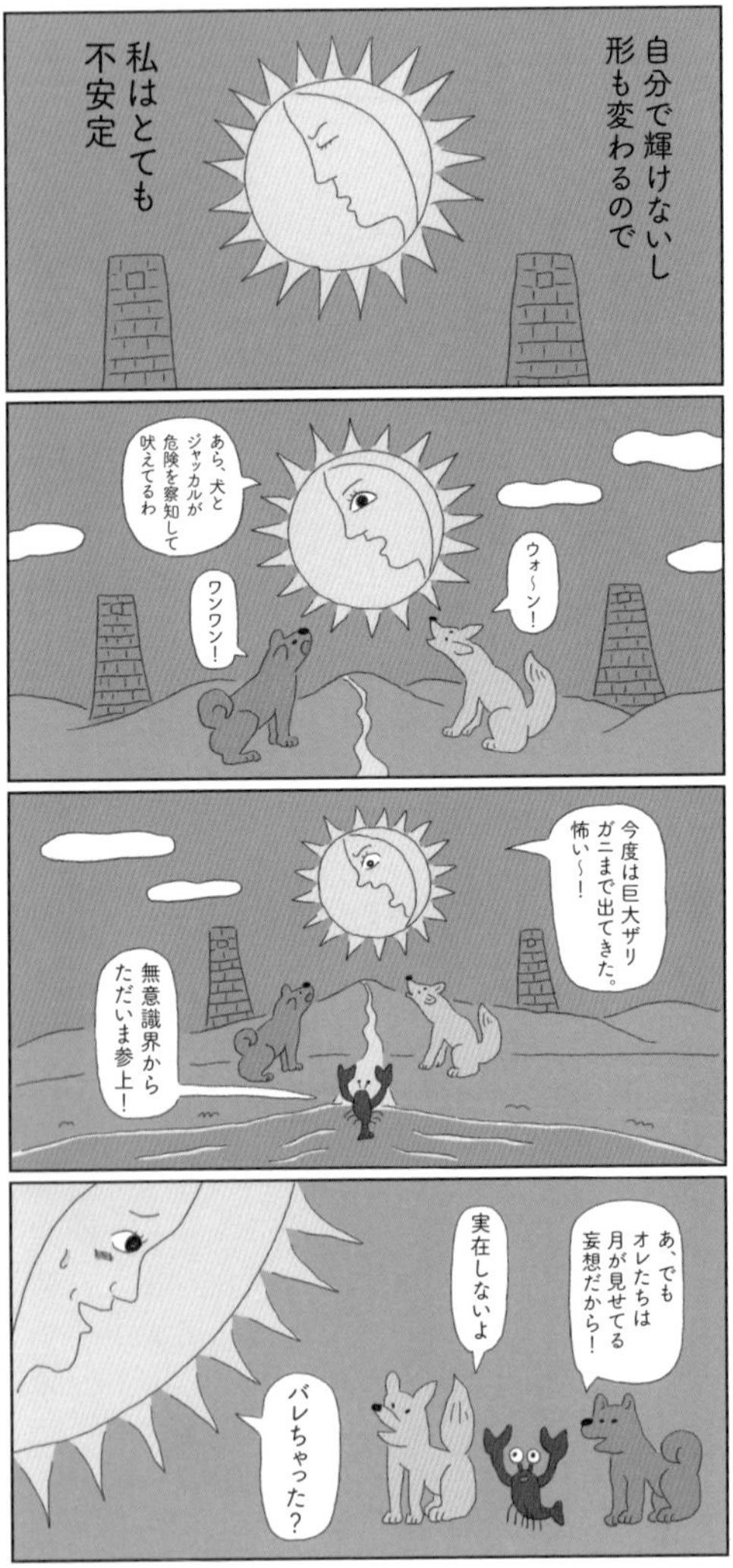
自分で輝けないし形も変わるので
私はとても不安定
あら、犬とジャッカルが危険を察知して吠えてるわ
ウォ〜ン！
ワンワン！
今度は巨大ザリガニまで出てきた。怖い〜！
無意識界からただいま参上！
あ、でもオレたちは月が見せてる妄想だから！
実在しないよ
バレちゃった？

カードが伝えるメッセージ

実際に行動しないと変わらない

「月」は、心を表します。そして、自分から光を出すのではなく、太陽の光で輝き、形を変えるのでとても不安定。私たちは、事実をありのまま見聞きするのではなく、イメージを膨らませて一喜一憂します。しかし、この世界は、実際に行動しないと何も変わりません。また、夜のカードなので、心が明るくなるまで時間がかかります。

仕事・お金

不安定、不安や心配、不透明、過去にとらわれる、形にならない、決断力・実行力がない、隠し事、時間がかかる、だまされやすい、お金の貸し借りに注意

人間関係・恋愛

いちいち気にする、周りに影響される、不安や心配、一喜一憂、隠し事、時間がかかる、同じことを何度も妄想する、なかなか具体的にならない、疑似恋愛

ADVICE ☞ 言葉や行動で示そう。イメージを膨らませよう

18

THE MOON

月

裏の顔（逆位置）

THE MOON.

キーワード

- 心配や不安からの解放
- 現実的に行動しようとする
- 前向きになっていく

このカードのキャラ

余計な心配や不安から解放される

まずい！
夜明けが近づくとパワーが失われちゃう！
犬とジャッカルも吠えるのをやめてるわ
もうすぐ朝か？
そろそろ消えるか？
ザリガニちょっと待ってよ！
オレも沼に帰るぜ
う～ん月の魔力もここまでか…
朝になったら明るい気持ちになってきた♪

カードが伝えるメッセージ

夜明けが近づくにつれ周囲が明るくなっていく

裏の顔になると夜明けが近づき、周りが明るくなっていきます。少しずつ、不安や心配から解放されるでしょう。鬱《うつ》状態から抜け出すイメージ。不透明だったことの実態も明らかになり、先行きのわからなかったことはめどが立っていきます。疑似恋愛や誇大妄想に陶酔していた人は、知りたくなかった面までわかって目が覚めます。

仕事・お金

不透明だったことが明確になる、返事が来る、前向きに検討、計画の具体化、理由がわかって安心、隠し事がバレる、原因がわかる、計画的にお金を使える

人間関係・恋愛

誤解が解ける、事実が明らかになる、心配や悩みが解消する、徐々に気持ちが明るくなる、返信が来る、建設的な判断ができる、具体化、ちゃんと動き出す

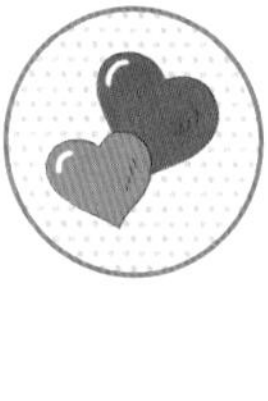

ADVICE ☞ 見て見ぬふりはせず、現実を生きよう

19

THE SUN

太陽

表の顔（正位置）

キーワード

- 堂々と発表する
- 自己アピール
- 達成する

このカードのキャラ

目標を達成して喜んでいる

カードが伝えるメッセージ

スポットライトが当たり心に迷いや不安もなし

太陽の下で、真っ裸の赤ちゃんが、無邪気に両手を広げています。隠しているものは何もなく、スポットライトを浴びて堂々と発表し、影響力やアピール力、表現力があります。空には雲1つなく、晴れやかな気持ちで心から喜んでいて、達成感があります。このカードは、赤ちゃんや子ども関係の意味で出ることもあります。

仕事・お金

日の目を見る、うまくいく、楽しくて充実感がある、仕事が合っている、才能が開花、注目を集める、子ども関係の仕事、好きなものをゲット、金運がいい

人間関係・恋愛

楽しんでいる、喜んでいる、うまくいく、大好き、大歓迎、裏表なし、良い環境、アピール力がある、いい出会いがある、ストライクゾーン、結婚、妊娠、出産

ADVICE ☞ 堂々と表現を！ うまくいくから大丈夫！

このカードのキャラ

満足度80%で
心の中はイマイチ

19

THE SUN

太陽
裏の顔（逆位置）

キーワード

◆そこそこうまくいく
◆まあまあの満足度
◆から元気

カードが伝えるメッセージ

太陽が雲で覆われ中途半端な達成状態

太陽が雲で覆われて曇り空に。そこそこうまくいきますが、中途半端な達成状態になります。達成するまでに時間がかかることがあるでしょう。また、太陽の光の調整が難しくなり、わがままやアピールしすぎ、あるいは弱気になりすぎることもありそう。

太陽は熱を意味し、高熱が出る時にも、このカードが出ることがあります。

仕事・お金

そこそこうまくいくが心がスッキリしない、リーダーシップを発揮できない、自信がない、プレッシャーに弱い、満足度80%、そこまで欲しくないものを購入

人間関係・恋愛

楽しいが新鮮味がない、わがまま、プライドが傷つく、ありのままの自分を出せない、アピール方法を間違える、ある程度うまくいくが何かが足りない

ADVICE ☞ もっと自信を持とう。表現方法を工夫して

20

JUDGEMENT

最後の審判

表の顔(正位置)

JUDGEMENT.

キーワード

- ✦復活する
- ✦呼びかける
- ✦レベルアップする

このカードのキャラ

一度ダメになってもよみがえる!

死者よ、目覚めよ!
パラッパパ〜♪
私を呼ぶのはだ〜れ?
生き返った!
ハイ、よみがえった人は一列に並んで!
再チャレンジレースを用意スタート!
パッパラ〜
今度こそ成功するぞ!
ダメ元で頑張ろう!

カードが伝えるメッセージ

諦めずに再挑戦してみよう

大天使がラッパを吹くと死者たちが生き返る絵柄から、一度ダメになったことがよみがえっていく復活カード！　なくしたものが見つかることも。グレードアップするので、ダメ元でもチャレンジする価値あり。前よりいい状態にシフトできます。また、ラッパを吹いているので、呼びかけたり、呼ばれたら、行ってみるのもおすすめ。

仕事・お金

グレードアップする、昇進、再チャレンジでうまくいく、いい仕事がやってくる、環境が良くなる、もうダメだと思っていたことが息を吹き返す、金運上昇

人間関係・恋愛

関係が良くなる、成長できる、再会する、ダメだと思っていたことが持ち直す、次の段階に進む、こちらから呼びかけてみる、気持ちが復活する、復縁する

ADVICE ☞ チャレンジするとレベルアップ。呼びかけよう

このカードのキャラ

後悔するも
覆水盆《ふくすいぼん》に返らず!

あれれ、どうしても音が出ないぞ~
し~ん
まだファンファーレの時間じゃないな
そんな~。よみがえらないんですか?
一度ダメになったことは、復活しない。諦めて!

20
JUDGEMENT
最後の審判
裏の顔(逆位置)

JUDGEMENT.

キーワード

- ◆タイミングじゃない
- ◆停滞モード
- ◆復活できない

カードが伝えるメッセージ

何度も起こる問題はよく理由を考えよう

大天使がラッパを吹かないので、救いの手は差し伸べられません。棺《ひつぎ》のふたも開かず、待ちぼうけ状態。今はまだ、ファンファーレが鳴り響く時期ではないようです。ダメになったことは復活しません。何度も問題が起こる場合は、自分の思考や意識の使い方に理由があるかも。そこに気付くと次のステップに移ることができるでしょう。

仕事・お金

タイミングが悪い、ノリ気でない、レベルアップできない、却下、サポートが弱い、集まらない、先に進まない、失敗を繰り返す、後悔しても元には戻らない

人間関係・恋愛

タイミングが悪い、修復不可、返事が来ない、誘われない、成長しない、似たような失敗、元には戻らない、先に進まない、復縁できない、出会いがない

ADVICE ☞ 今はタイミングが合わない

21
THE WORLD
世界
表の顔（正位置）

XXI
THE WORLD.

キーワード
- ◆楽しくて我を忘れる
- ◆宇宙との一体化・ワンネス
- ◆何かが完成する

・このカードのキャラ・

水を得た魚のように楽しくてしょうがない

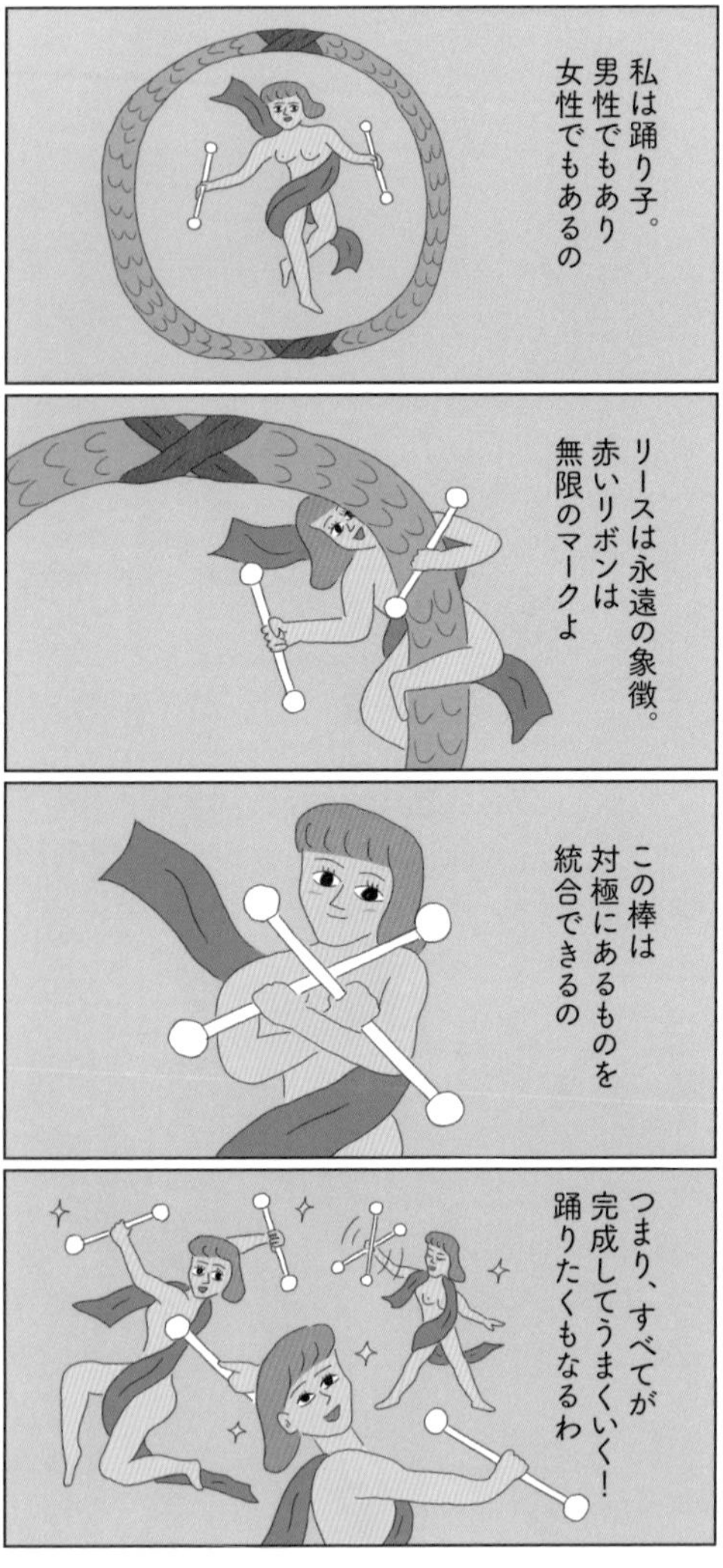
私は踊り子。
男性でもあり
女性でもあるの
リースは永遠の象徴。
赤いリボンは
無限のマークよ
この棒は
対極にあるものを
統合できるの
つまり、すべてが
完成してうまくいく！
踊りたくもなるわ

カードが伝えるメッセージ

宇宙に応援されて物事が完成する

物事の完成と達成を意味するカード。この人物は、時間の感覚を忘れるほど対象と一体に。すべてがうまく回り出し、水を得た魚のように楽しんでいます。宇宙から完全にバックアップされている状態！　ただ、ほかがあまり良くない意味のカードで、結果だけこのカードが出た場合は、良くない状態で完成してしまうことがあります。

仕事・お金

楽しくてしょうがない、水を得た魚のよう、完成・達成、才能の開花、仕事で輝ける、みんなで成し遂げる、集まる、お金を自由に使える、お金回りがいい

人間関係・恋愛

夢中にする、人気がある、中心人物、完成する、仲間に恵まれる、楽しくて時間が経つのが速い、大好き、憧れ、輝いている、一体感、結婚や妊娠の可能性

ADVICE ☞ 一体感がポイント。自分の世界観を大切に

21

THE WORLD

世界

裏の顔（逆位置）

THE WORLD

キーワード

✦周りに振り回される
✦集中力に欠ける
✦中途半端で終わる

・このカードのキャラ・

何かが欠けていて中途半端になりがち

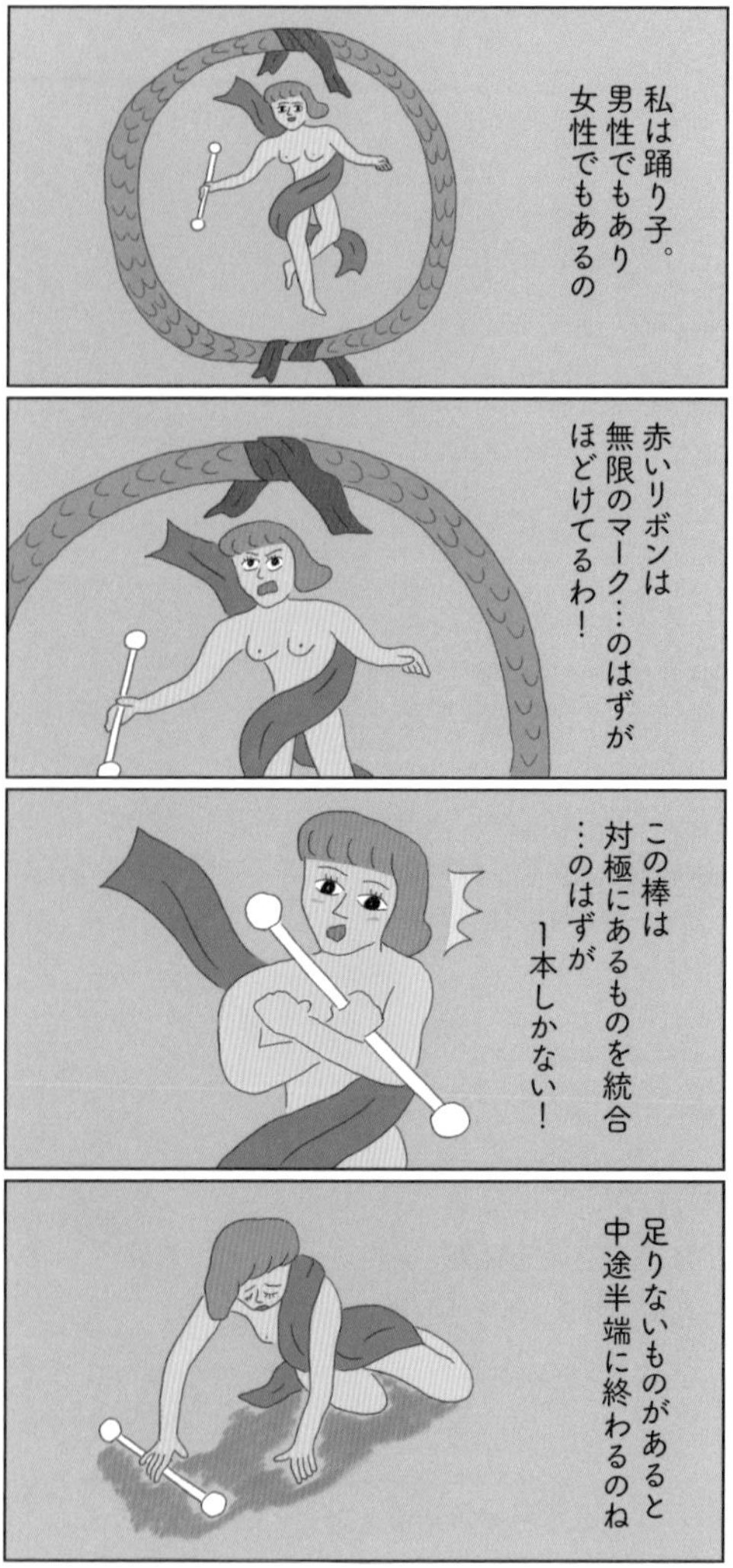

私は踊り子。
男性でもあり
女性でもあるの
赤いリボンは
無限のマーク…のはずが
ほどけてるわ！
この棒は
対極にあるものを統合
…のはずが
1本しかない！
足りないものがあると
中途半端に終わるのね

カードが伝えるメッセージ

欠けている部分を知ることが解決の鍵

完成のカードの裏の顔は、未完成になります。大事なものが何か1つ欠けていて中途半端になりがち。その欠けている部分を知ることが、問題解決の鍵です。また、集中力が高まらず、情報に振り回されたり、よそ見をしたり。自分の魅力に気付かないことや、みんなとの一体感を味わえないことで、エネルギーが空回りしてしまいます。

仕事・お金

あと一歩のところで達成できない、まとまらない、目まぐるしい、集中力に欠ける、何かが足りない、伝わらない、堂々めぐり、意味がないことに散財する

人間関係・恋愛

噂に振り回される、落ち着かない、自分を見失う、チームがうまく回らない、相手の話に集中できない、伝わらない、飽きっぽい、結婚に踏み切れない

ADVICE ☞ 足りない部分を見つけよう

キャメ先生、教えて！

タロット占い Q&A ①

Q1

新しいタロットカードを開封するのにおすすめのタイミングはありますか？

A　あなたが開封した～い！と思った時でOK！

すべては、あなたのワクワクのままに進めてください。

また、物事をスタートさせるのに縁起のいい日としては、新月の日や一粒万倍《いちりゅうまんばい》日《び》などです。

新月には、願いを叶えるパワーがあるので、カードに願いを込めて開封するといいでしょう。

一粒万倍日は、その日始めたことが万倍にも増えますから、自分を占って幸せにすれば、その幸せが万倍に広がるでしょう。人のことを占って、その人を幸せにすれば、たくさんの人を幸せにすることにつながります。

Q2

タロットカードを他人にさわらせても大丈夫ですか？

A　はい、大丈夫です。

（ちなみに、どうしても他人にカードをさわらせたくないという考えの人は、自分のルールに従ってOKですよ！）

Q3

タロット占いをする時にテーブルクロスは必要ですか？

A　なくても占いはできますが、あったほうが、いい感じの摩擦が生じるので、カードを混ぜやすかったりします。タロット用のクロスが1枚あるといいかもしれません。

Q4

使っていたタロットカードを手放す時はどうすればいいでしょうか？

A　普通にゴミ箱に捨てて問題ありません。

第3章

「小アルカナ」キャラ図鑑

WANDS

ワンド

「火」のキャラクター

キーワード
- ◆ワクワク・ドキドキ
- ◆高いテンション
- ◆ノリと勢い
- ◆クリエイティブ

このキャラの性格

炎は上に燃え上がる！熱い気持ちが原動力

ワンドは〝こん棒〟。熱い炎が燃え上がるよ
待て〜!!
獲物を追いかけてワクワク！
エイヤ！
戦ってテンションMAX！
火が起きた！
ブンッ
何かを生み出すパワーもある！

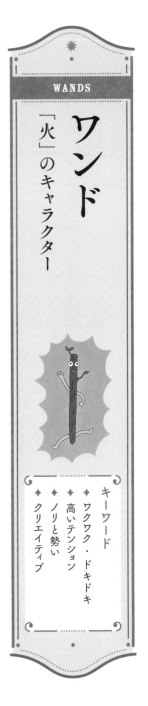

SWORDS

ソード「風」のキャラクター

キーワード

- ✦情報
- ✦思考
- ✦伝える・コミュニケーション
- ✦インターネット

このキャラの性格

風は横に広がる！風に乗るか飛ばされる

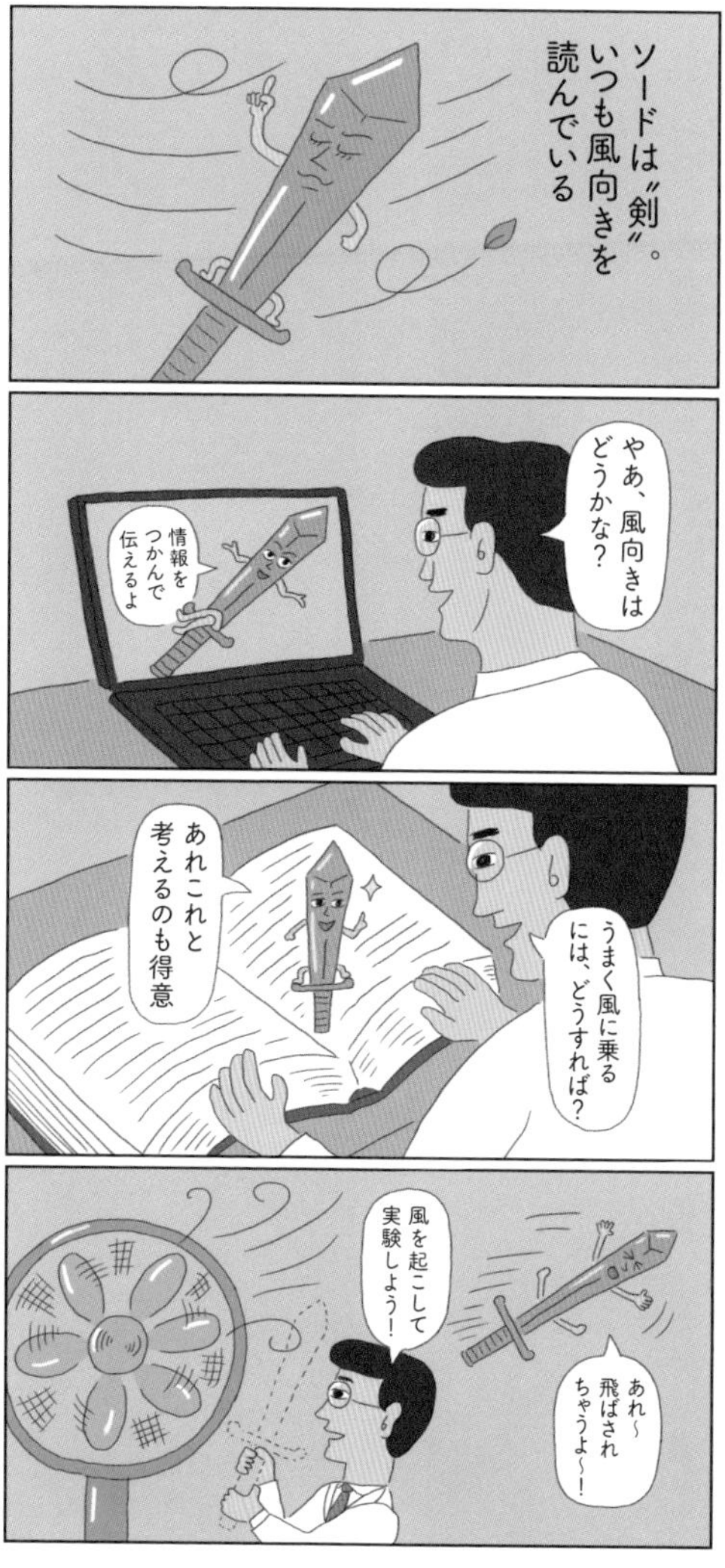
ソードは〝剣〟。いつも風向きを読んでいる
やあ、風向きはどうかな？
情報をつかんで伝えるよ
うまく風に乗るには、どうすれば？
あれこれと考えるのも得意
風を起こして実験しよう！
あれ～飛ばされちゃうよ～！

CUPS

カップ
「水」のキャラクター

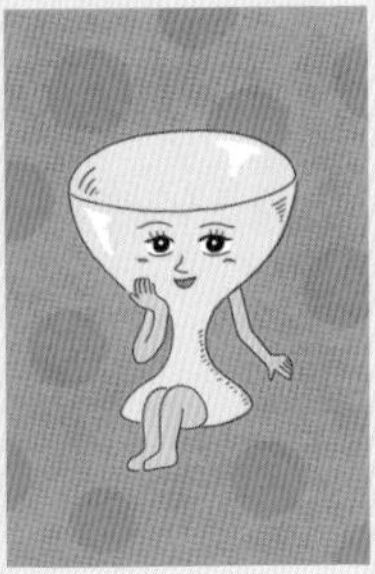

キーワード
- ◆愛
- ◆感情
- ◆潜在意識
- ◆共感

このキャラの性格

水は感情の世界。色も形もどんどん変わる

カップは〝杯〟。人の感情を満たすんだ
2人の愛に乾杯！
愛や喜びが入っていることもあれば
許せない！
ひどいわ！
涙や憎しみが入っていることもある
すべては移ろっていくね
中の水は流動的。カップの色や形で変わるのね

PENTACLES

ペンタクル

「地」のキャラクター

キーワード

◆お金
◆物質
◆所有
◆形あるもの

このキャラの性格

形あるものの世界。手に入れたり手放したり

ペンタクルは金貨。形あるものの象徴だよ
いい買い物ができたわ!
欲しいものを手に入れたり
優勝したわ!
地位や名誉が得られたり
パチ
パチ
パチ
パチ
パチ
パチ
パチ
1
2
3
私のペンタクル返して〜!
手に入れたものは手放すこともある!

ACE OF WANDS

ワンドのエース

新しいトキメキが始まる予感!

ワクワク、ドキドキ、ノリや勢いの物語がスタート。「0」から「1」を生み出す創造性に満ちあふれていて、高揚しています。新しいことが始まる予感がします。

ADVICE ☞ 始めよう。創造しよう。ワクワクのままに進もう

ACE OF SWORDS

ソードのエース

新しい物語には意志や覚悟が必要

情報やコミュニケーション、伝達の物語がスタート。まっすぐで力強いソードには、意志や覚悟、決断力が見てとれ、困難に出会っても乗り越える力を持っています。

ADVICE ☞ 決断しよう。ストレートに伝えよう。覚悟を決めよう

「エース」表の顔（正位置）

ACE OF CUPS

カップのエース

感情があふれ出し心が満たされる

感情、潜在意識、心の共有、愛の物語がスタート。カップから水が湧き出るので、心から満足できたり、相思相愛で満たされたり。芸術的な感性も満ちあふれます。

愛情いっぱいで満たされる！

ADVICE ☞ 心をメインに！　あなたの心が満たされるなら正解

ACE OF PENTACLES

ペンタクルのエース

具体的に望むものが手に入る暗示

お金や物質、地位、所有、形あるものの物語のスタート。大きなコインを手にしているので、お金や仕事、欲しいものなど、望むものが手に入ることを意味します。

欲しいものが手に入りそう！

ADVICE ☞ スタートすれば実りがある。使い道を考えよう

ACE OF WANDS

ワンドのエース

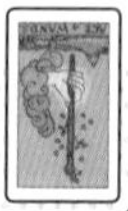

モチベーション低下や自己チューな言動に注意

燃え上がる炎が弱火になるので、モチベーションが低下したり、自信がなくなったりします。また、心の炎の調整が苦手で、周りに迷惑をかけることもありそう。

ADVICE ☞ まだ始めなくていい。少し空気を読もう

ACE OF SWORDS

ソードのエース

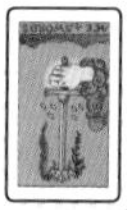

意志を向ける方向を間違える危険が

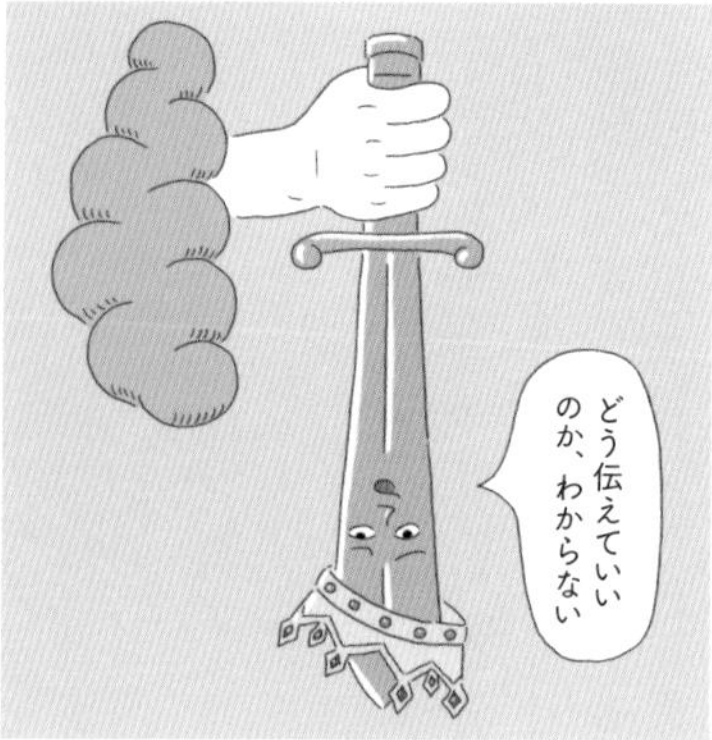

ソードの先端が自分に向くので、挫折したり、自分を追い込んで傷つけたりすることも。また、決断力に支障が出るので、優柔不断や早まって失敗しないように。

ADVICE ☞ まだやめておこう。いらないものは削ぎ落とそう

「エース」裏の顔（逆位置）

ACE OF CUPS

カップのエース

思いが伝わらず
心が満たされない

カップがひっくり返って水がこぼれてしまうので、心が満たされなくなります。相手との心の共有ができず、自己中心的になったり、失恋したりと、心が枯渇《こかつ》モードに。

愛情が
枯れちゃうよ〜

ADVICE ☞ 相手の気持ちを汲み取ろう。まずは自分を愛で満たそう

ACE OF PENTACLES

ペンタクルのエース

執着心や強欲に注意。
望みが実現しない

手からコインが落ちてしまうので、欲しいものを手に入れられなかったり、形にすることができなかったり。また、落とさないことに執着してケチくさくなることも。

欲しいものが手に入らないよ〜

ADVICE ☞ 執着を手放そう。損して得取れ。お金の使い道の考慮を

TWO OF WANDS

ワンドの2

不安を抱きながらも前向きに検討中

背後に固定されたワンドは、今までやってきたこと。左手に持ったワンドは、これからやろうとしていること。1歩を踏み出せず、どうしようかと前向きに検討中。

ADVICE ☞ 検討しよう。無理に決める必要はない

TWO OF SWORDS

ソードの2

情報を遮断してとりあえず冷静に

ソードを斜めに持っているのは、いったんバランスを保っていたり、いったん休憩していたりで、戦う気がない証拠。目隠しで状況を直視しておらず、流れに身を任せています。

ADVICE ☞ 流れに身を任せよう。休憩しよう。バランスが大事

「2」表の顔（正位置）

TWO OF CUPS

カップの2

心が通じ合う相手と出会えそう

心を表すカップで乾杯しています。相性が良く、好意があり、気持ちが通じ合っています。素敵な出会いの可能性も。対象は人に限らず、仕事や物かもしれません。

やっと出会えた
今が幸せ！

ADVICE ☞ 1対1がポイント。声をかけてみよう。交換しよう

TWO OF PENTACLES

ペンタクルの2

今起きている変化を楽しんでいる

コインをクルクル回し、比べたり迷ったりをずっと楽しんでいます。うまくいっているようでも成長や発展はありません。2つのことを調整している場合もあります。

とりあえず、今が楽しければいいや

ADVICE ☞ うまく調整しよう。違うことも取り入れよう

TWO OF WANDS

ワンドの2

どうして
いいのか
わからない

1歩を踏み出せず迷って行動できない

建物の中に閉じ込もり、踏み出せないので、迷って行動力が足りなくなります。考えても結局やらなかったり、自信がなくなったり、優柔不断に陥ったりすることも。

ADVICE ☞ 考えることをやめよう。想定外のことをしてみよう

TWO OF SWORDS

ソードの2

あらら、風に
押されている
みたい！

押しに弱くなり現実を直視できない

表の顔とあまり意味は変わりませんが、2本のバランスがくずれ、押しに弱くなります。迷って決断できず、目隠しをしているので、現実をちゃんと直視していません。

ADVICE ☞ もっと現実を見よう。抵抗せず流れに身を任せよう

TWO OF CUPS カップの2

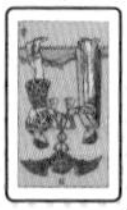

心が通じ合わず しっくりこない

カップの中身が水と油になってしまい、違和感があってしっくりきません。心が通じ合わず、上辺だけの会話に。その場の雰囲気に流されて後悔することもありそう。

ADVICE ☞ コミュニケーション不足が問題。そこに愛はある？

TWO OF PENTACLES ペンタクルの2

不安定さが増し 行きあたりばったりに

バランスをくずすので、うまくいかなかったり、不安定さが増したりします。いい感じに調整ができず、自転車操業モードに。違和感があってしっくりきません。

ADVICE ☞ やり方を変えよう。両方手放してみよう。調整が必要

THREE OF WANDS

ワンドの3

計画していたことが軌道に乗り始める

いい感じで進んでいるぞ
スイー
スイー
スイー

裕福そうな服装の人は、いい感じで船に指示を出していて、連携プレーでうまくいったり、スムーズな展開になったりしそう。リーダーシップをとるとさらにグッド。

ADVICE ☞ 協力し合うことがポイント。ちゃんと伝えよう

THREE OF SWORDS

ソードの3

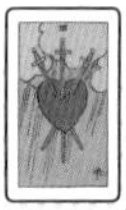

傷つくかもしれないが勇気を持って対処しよう

悲しくて立ち直れそうにない!

決断する、手放すほか、手術などで心や体が痛むことがあるかも。しかし、やることをしっかりやれば、雨降って地固まる結果になるでしょう。

ADVICE ☞ 余分なものは整理しよう。はっきり伝えることも大事

「3」表の顔（正位置）

THREE OF CUPS

カップの3

自分も周りも楽しくなる

心を表すカップを頭の上に掲げてワイワイ楽しんでいるので、心が高揚しています。うまくいって喜んだり、お祝いしたりするのかも。女子会のようにも見えます。

ADVICE ☞ みんなで楽しめることを考えよう。楽しく遊ぼう

THREE OF PENTACLES

ペンタクルの3

周囲と協調しつつ創造力を発揮する

教会の持ち主、設計士、建築士が、それぞれの役割をこなし、素敵な建物ができあがります。役割分担を明確にし、目の前のことに丁寧に取り組むと結果が伴います。

ADVICE ☞ 強みを持ち合うとGOOD。「報・連・相」をしっかり

THREE OF WANDS

ワンドの3

思うように進まないな
プカ〜
プカ〜
プカ〜

誤解や連絡ミスが原因でうまくいかない

船に指示が伝わらず、チームプレーがうまくいきません。あせったり、邪魔が入ったりで先に進まず、各人の方向性もバラバラ。何からやろうかと途方に暮れそう。

ADVICE ☞ 落ち着いて伝えよう。しばらく観察しよう

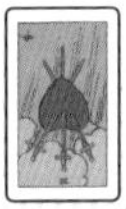

THREE OF SWORDS

ソードの3

傷ついてこそわかることもある！

ショックを引きずらず成長の糧《かて》にしよう

表の顔とそんなに意味は変わりませんが、悲しい気持ちを引きずりがち。ショックな出来事は、その経験が必要だから起こるのです。ケジメをつけることで成長します。

ADVICE ☞ 傷つくことで本当の自分が目を覚ます！

「3」裏の顔（逆位置）

THREE OF CUPS

カップの3

自分に甘く 時間を無駄にしがち

カップの中身がこぼれてしまい、ダラけた雰囲気に。自分に甘く、楽な方向に流されてしまったり、誘惑に弱くなったりします。時間を無駄に過ごしてしまわないで。

もうグダグダだわ〜
流されてもいいよね

ADVICE ☞ ONとOFFを分けて。自分の意見はしっかりと言おう

THREE OF PENTACLES

ペンタクルの3

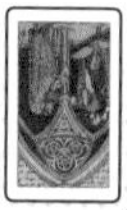

足並みが揃わず 計画どおり進まない

意思の疎通がうまくいかず、計画どおりに進みません。その原因は価値観の相違にあるほか、才能の出し惜しみや自信のなさ、コミュニケーション不足も問題のよう。

このままじゃ失敗は目に見えている！

ADVICE ☞ 丁寧にわかりやすく伝えよう。自分の役割を明確に

FOUR OF WANDS

ワンドの4

調和のとれた状況で明るく楽しむ

収穫を祝って誰でも大歓迎！

上棟《じょうとう》式をしています。明るく楽しい雰囲気で、誰でも大歓迎です。来るものは拒まず、去るものは追わず。手に花や収穫した物を持ち、豊かな実りを喜んでいます。

ADVICE ☞ 明るく楽しい雰囲気が大事。オープンマインドで！

FOUR OF SWORDS

ソードの4

先に進もうとするより休むほうが大事

今はしばしの充電中！

この人はベッドに横たわって充電中。今は、先に進むよりゆっくりしていたい状況。一息ついたり、しっかり休んだりしましょう。入院でこのカードが出ることも。

ADVICE ☞ 今は充電する時。休憩しよう。保留にしよう

FOUR OF CUPS

カップの4

1人になって心を落ち着けたい

飲みすぎて二日酔いか、大きな木にもたれかかって休憩中。木は頼れる誰かかも。「もう1杯いかが?」と誘われても、今はまだ受け取りません。内観しています。

今はまだいいや
もう1杯、いかが?

ADVICE ☞ 先に進まず考えをめぐらそう。休憩や充電をしよう

FOUR OF PENTACLES

ペンタクルの4

上手に使うか手放すことも学ぼう

コインが自分のものになって物質的には安定していますが、ガッツリ持っているので所有欲の強さが垣間見えます。上手に使うか手放すことで、良い流れを作れます。

手に入れたものは手放すもんか!

ADVICE ☞ 手に入れるだけじゃなく流すことも考えよう

FOUR OF WANDS

ワンドの4

明るく楽しい状況が安定して続く

タロットカードの中で、表の顔と裏の顔が同じ意味になる唯一のカード。楽しい状態が続くという意味があり、来るものは拒まず、去るものは追わない雰囲気です。

ADVICE ☞ オープンマインドで。歓迎しよう。出入り自由で

FOUR OF SWORDS

ソードの4

充電が完了！動き出す準備を

充電が完了しました。停滞した状況に動きが出たり、受け身から能動にシフトしてやる気が出てきたりします。体力も回復。退院する時にもこのカードが出ます。

ADVICE ☞ 次に進む準備を。行動に移そう。自らアクションを

「4」裏の顔（逆位置）

FOUR OF CUPS

カップの4

動き出すことで状況も変わる

ソードの4と同じで、逆位置になると充電完了。出てきたカップを受け取って次に進んでいきます。ちょっと興味が出てきて、停滞していた状況から動こうとします。

ADVICE ☞ そろそろ準備しよう。動き出そう。受け取ってみよう

FOUR OF PENTACLES

ペンタクルの4

物質的な状況の維持が難しくなりそう

頭に乗せているコインと、手に持っているコインが落ちるので、状況を維持することが難しくなります。お金や物質的なことは不安定になり、執着が失敗を招きます。

ADVICE ☞ メリットばかりにとらわれないこと。独り占めはNG

FIVE OF WANDS

ワンドの5

みんなバラバラで落ち着きがない

みんなそれぞれ、ノリと勢いとワクワクのままに、バタバタと騒がしい状態。いろんなことに興味があり、試しています。落ち着きがなく方向性もバラバラです。

ADVICE  試してみよう。体を動かそう。当たって砕けろ

FIVE OF SWORDS

ソードの5

通称ジャイアン!?自分が良ければOK

手前の男は、相手の剣を奪ってニヤリと笑みを浮かべています。自己中心的&自己満足モードなので、自分が勝てばそれで良く、愛のない言葉を発しがちです。

ADVICE  自分が満足するだけでなく、人も満足させよう

「5」表の顔（正位置）

FIVE OF CUPS

カップの5

後悔と喪失感でいっぱいになる

倒れていないカップがあるのに、倒れたカップばかり見つめています。つまり、ダメになったことばかりに意識を向け、落ち込んでいるのです。通称、失恋カード。

ADVICE ☞ 視野を広げ、ほかに目を向けよう。自分をいじめないで

FIVE OF PENTACLES

ペンタクルの5

通称貧乏カード!? 大事なものをなくすかも

暖かそうな家の中に入れず、ケガをしていたり裸足だったりして、互いの視線もバラバラ。現実的に厳しく、コミュニケーションもうまくとれず、虚《むな》しい状態です。

ADVICE ☞ 現状を把握して対処しよう。見栄は張らないこと

FIVE OF WANDS

ワンドの5

さらに落ち着かず まとまらない雰囲気

表の顔とあまり意味は変わりません。いっそうバタバタして、興味も散乱し、まとまりがない雰囲気に。うるさい教室のように、落ち着きがありません。

ADVICE ☞ 好き勝手にやってみよう。ちょっと落ち着こう

FIVE OF SWORDS

ソードの5

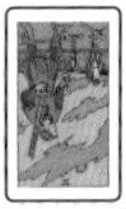

お人好しで振り回されがち

気にしやすくて、お人好しなため、周りに略奪されたり、利用されたりと、振り回されがち。疲れて、落ち込んでいることも。もっと自分を持ちましょう。

ADVICE ☞ 嫌われる勇気も大事。お人好しにならないように

「5」裏の顔（逆位置）

FIVE OF CUPS

カップの5

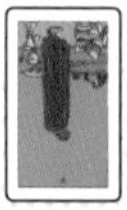

落ち込みから浮上。心に余裕が出る

倒れていないカップにスポットライトが当たります。落ち込んでいたけれど、大丈夫な面を見つけて、気持ちが前向きに。いろんな方法を試す余力が出てきます。

まだ2杯も残っている！

ADVICE ☞ いろんな方法を試そう。妥協も大事。幸せはすぐ近くに！

FIVE OF PENTACLES

ペンタクルの5

状況は好転するも自力で改善が必要

一時的に家の中に入れてもらえて、状況が良くなる兆しが出てきます。しかし、ずっと甘えてもいられないので、根本的な原因を知り、改善する必要があります。

一時しのぎでも助かったわ！
ありがとうございます

ADVICE ☞ 根本的な原因を知ろう。もっと自立しよう

SIX OF WANDS

ワンドの6

勝利の凱旋パレードだ！

勝利して前進するも油断することなかれ！

勝者に輝いた人がパレードをしているので、周囲より頭が高く出ています。ハリボテの馬がいい感じに見えるので、形から入るとグッド。そして、どこかに移動中！

ADVICE ☞ まずは外見から整えよう。移動や旅行、引越しは◎

SIX OF SWORDS

ソードの6

さあ荒波の中をこぎ出すぞ！

困難が終わり次の段階に進む時

今までの困難は終わりを告げ、船は現状から次の段階へと移行中です。停滞していたことが動き出す兆し。移動、旅行、引越しを意味するカードでもあります。

ADVICE ☞ 1歩でも前進を。船に乗っている人たちは誰？

「6」表の顔（正位置）

SIX OF CUPS

カップの6

無邪気で楽しい雰囲気。
喜びをシェアし合おう

平和的で和気あいあい。安心できて幸せな雰囲気です。心を表すカップをあげようとしていますが、後ろに自分の分はしっかり確保。友だち以上恋人未満の関係です。

ADVICE ☞ シェアしよう。今を生きよう。童心を大切に

SIX OF PENTACLES

ペンタクルの6

欲しいものがあれば
自ら先に差し出そう

裕福そうな人が貧しそうな人にコインを分け与えています。先行投資は、形になったり、見返りがあったりするでしょう。欲しいものは、先に与えるのがポイント。

ADVICE ☞ 役割分担が大事。先行投資をしよう。バランスをとろう

SIX OF WANDS

ワンドの6

ライバルに負けちゃった！

勝利は手中をすり抜け隠し事もバレそう

勝利のカードの裏の顔は、ライバルに負けることを暗示。ハリボテの馬も途中でコケるので、隠し事がバレてしまいます。移動や旅行もスムーズではないでしょう。

ADVICE ☞ カッコつけずに弱みを見せよう。急がなくてOK

SIX OF SWORDS

ソードの6

船がひっくり返っちゃったよ〜

先に進むよりも冷静に振り返ろう

船がひっくり返ってしまうので、困難な状況から抜け出せません。まだ先に進めずに停滞しています。今は、先に進むことよりも、状況を冷静に振り返ってみましょう。

ADVICE ☞ 進めるより改善を。行かなくていい。助けてもらおう

「6」裏の顔（逆位置）

SIX OF CUPS

カップの6

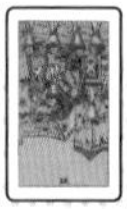

このままでいいのか 立ち止まって考えよう

ちょっとマイナスな要素が出てきます。過去を振り返ってばかりいたり、平和的だけど発展性がなかったり。このままでいいのか、今一度考えてみるといいでしょう。

ADVICE ☞ 今を守るために何かを犠牲にしていない？

SIX OF PENTACLES

ペンタクルの6

バランスがとれず 不公平にもなりそう

投資しても見返りは期待できません。天秤のバランスがとれなくなり、状況や気持ちも伴わない結果に。役割分担できず、どちらかがやりすぎたり、やらなすぎたり。

ADVICE ☞ 調整が必要。駆け引きをやめてみよう

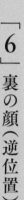

SEVEN OF WANDS

ワンドの7

攻撃をしかけられても優位な立場をキープ

周りにいる人たちが、反抗や攻撃をしかけてきます。しかし、高台にいるので優位な立場はキープしています。やることがたくさんあって、余裕がありません。

この勝利は誰にもわたさない!

ADVICE ☞ 順番を決めてから作業しよう。あせらず丁寧に

SEVEN OF SWORDS

ソードの7

うまく立ち回るも詰めの甘さが心配

要領が良く、頭の回転も速いので、みんなの隙を突いて、こそっといいとこ取りをしていきます。何か悪だくみをしていることも。少し詰めが甘いところあり。

しめしめ
うまくいったぞ!

ADVICE ☞ 「いる・いらない」を明確にしよう。再確認をしよう

「7」表の顔（正位置）

SEVEN OF CUPS

カップの7

本当に望むものがまだわかっていない

雲の上に欲しいものが入ったカップが並んでいますが、当の本人は後ろ姿で黒い影。自分自身が何を望んでいるのかわかっていないため、行動に移れません。

欲しいものがわからない

ADVICE ☞ 優先順位を決めて行動を。「やる・やらない」を明確に

SEVEN OF PENTACLES

ペンタクルの7

思っていた成果が得られない

思い描いていたものと違う結果になったのを見て、がっかりしています。今のままではうまくいきません。この「実」は、あなたにとって何なのでしょうか？

う〜ん、期待していたものと違うぞ

ADVICE ☞ 具体的な改善策を考えよう。何かがズレている

SEVEN OF WANDS

ワンドの7

おっと
よそ見が
命取りに
なりそう
ガンッ

あせって先に進めず注意力も散漫に

裏の顔では、さらにバタバタ感が増します。あせって物事を先に進めることができず、注意力も散漫に。いろいろあって、どこから手をつけていいのかわかりません。

ADVICE ☞ まずは、目の前のことをしっかりこなしていこう

SEVEN OF SWORDS

ソードの7

作戦成功！
オレ様に
不可能はない

要領が良くなり障害もうまくスルー

表の顔とあまり意味は変わりませんが、さらに要領が良くなり、作戦が成功します。障害もスムーズにくぐり抜けるでしょう。諸葛《しょかつ》孔明《こうめい》やルパン三世といったところ。

ADVICE ☞ 知恵を働かせよう。相手の希望も叶えるとさらにGOOD

「7」裏の顔（逆位置）

SEVEN OF CUPS

カップの7

大切なものが何かわかるようになる

裏の顔では、何となく思い描いていたことを、少しずつ具体化するための行動を始めます。何が大切で、何が大切でないのかが、わかるようになってきます。

あれが大切だ。手に入れよう

ADVICE ☞ 夢や目標を明確にし、1つずつ形にしていこう

SEVEN OF PENTACLES

ペンタクルの7

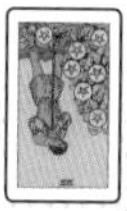

実際に行動を起こして少しずつ改善する

表の顔とあまり意味は変わりませんが、実際に行動して改善する気持ちが出てきます。今のままではうまくいかないので、少し手を入れて改良していくことが大事。

少し手を入れてみよう！

ADVICE ☞ 見て見ぬふりをせず取り組もう。後回しはNG

EIGHT OF WANDS

ワンドの8

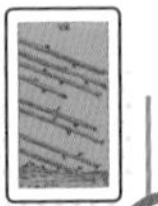

スムーズな展開で テンションも上がる

ワンドが爽快に空を飛んで行くので、スムーズな展開が期待できます。テンションが上がって、ノリ気な様子。遠くまで飛んで行くので、遠い場所での人との縁も。

猛スピードで遠くまで行けそう！

ADVICE ☞ 行動しよう！ このワンドはあなたにとって何？

EIGHT OF SWORDS

ソードの8

現実を直視できず がんじがらめの状態

マイナスの思い込みが強く、目隠しをしているので現実を直視できません。自分で自分をがんじがらめにしている様子。たくさんのソードは、何を表している？

状況が見えなくて
八方ふさがりだわ

ADVICE ☞ 現実を把握して調整しよう。周りを頼ってOK

EIGHT OF CUPS

カップの8

今あるものよりもないものに惹かれる

ほかのものを探しに行こう

カップをもう1つ積み上げると完成するのに、ほかのことに興味が出てどこかへ向かっています。今あるものより、ないものに興味が出てくるカード。一人旅も暗示。

ADVICE ☞ いったん離れるか、ほかのことをしてみよう。旅に出よう

EIGHT OF PENTACLES

ペンタクルの8

地味な積み重ねが少しずつ形に

だんだんいい感じになってきた！

できあがりが不満だったコインを、誠実で真面目な職人さんが丁寧にコツコツと磨き上げ、いい感じになっています。動きは遅いですが、着実に進歩しています。

ADVICE ☞ あせらずコツコツと進めよう。繰り返しがポイント

「8」表の顔（正位置）

EIGHT OF WANDS

ワンドの8

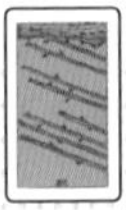

邪魔されて、先へ進めないよ〜

邪魔や停滞、伸び悩みに注意

ワンドがスムーズに飛んで行けなくなります。邪魔が入ったり、停滞したり、伸び悩んだりして、テンションも上がりません。これも宇宙の時間調整と割り切って！

ADVICE ☞ しばらく様子を見よう。気分転換も大事

EIGHT OF SWORDS

ソードの8

な〜んだ。自力で逃げられるわ
ピョ〜ン

マイナスの思い込みやしがらみから解放される

目隠しが解かれて、自由の身になっていきます。マイナスの思い込みや、がんじがらめの状態から解放されて、妄想や感情に流されず、建設的に物事を考えるように。

ADVICE ☞ 実際に確認すると早く解決する。完璧主義はやめよう

「8」裏の顔（逆位置）

EIGHT OF CUPS

カップの8

やっぱり
もう一度やって
みよう
クルッ

通称Uターンカード。やめたことに目が向く

この人はクルッと向き直って戻ってきます。一度やめたことや保留にしていたことに目を向けるようになります。改めて、大切なものに気が付きます。

ADVICE ☞ ないものではなくあるものに注目を。戻ってみよう

EIGHT OF PENTACLES

ペンタクルの8

いいかげん
飽きてきたな〜

集中力が低下して手抜きモードに

職人さんの集中力が低下。飽きてきたのか、納期を守らなかったり、詰めが甘かったりと、手抜きモードになります。そして、面倒なことは避けようとします。

ADVICE ☞ 気晴らしをすることも大事。もう少し愛を込めよう

NINE OF WANDS

ワンドの9

戦いたいけど
またケガしそう

準備はできているのに あと1歩が踏み出せず

飛んで行ったワンドが頭に当たり、同じような失敗をしないかビクビク。心のテンションは高く、準備もできているのに、あと1歩が踏み出せません。

ADVICE ☞ 待っているだけでは発展しないので行動しよう

NINE OF SWORDS

ソードの9

ネガティブな考えが
頭を離れない！

マイナス思考のせいで 取り越し苦労をしがち

あれこれマイナスなことを考えすぎて、取り越し苦労をしています。ベッドはどっしりとしているので、現状はそんなに悪くないはず。とにかく思考を休めましょう。

ADVICE ☞ 想像しているほど悪くない。睡眠をたっぷりとろう

「9」表の顔（正位置）

NINE OF CUPS

カップの9

すべてを手に入れて満足じゃ！

思いどおりの展開に心からの乾杯！

心を表すカップをたくさん飾り、満足そうなおじさん。願ったり叶ったりの状態です。思いどおりの展開になり、心に余裕が出ています。とてもいい精神状態でしょう。

ADVICE ☞ まずは自分を満足させることが大事！

NINE OF PENTACLES

ペンタクルの9

どう？たくさん実ったでしょう

仕事もお金も育て上手！

たくさんのコインとフルーツが育ち、種が花となり実となる状況。コツコツと育ててきたことが形になり、仕事、物質、経済的な満足が得られます。

ADVICE ☞ あせらず丁寧に育てると、花となり実となる

NINE OF WANDS

ワンドの9

同じ失敗を繰り
返してウンザリ

準備や行動力の不足で問題が生じる気配

準備不足や行動力不足で、同じ失敗を繰り返してしまいます。ワンドを立てて盾を作るも、隙間から敵が侵入しそう。邪魔が入ったり、免疫力が低下したりします。

ADVICE ☞ 守りばかり固めても無駄。行動する勇気を持とう

NINE OF SWORDS

ソードの9

チュンチュン
いつのまにか
夜が明けてきた!

時間が解決するのでマイナス思考をやめて

表の顔とあまり変わりませんが、時間が解決してくれます。思考ばかりを使うと精神的に疲れるので、太陽の光を浴びて体を動かしましょう。掃除をするのもおすすめ。

ADVICE ☞ 妄想をエンドレスループせず、ではどうするかを考えよう

「9」裏の顔（逆位置）

NINE OF CUPS

カップの9

チュ〜
管理が甘かったか！
油断しておった

ルーズさに注意！甘い考えを改めよう

ルーズさが出てくるので、欲や快楽を止められなかったり、考えが甘くだらしなくなったりします。また、いい状態なのに、本人としては満足していないということも。

ADVICE ☞ なあなあにしていることを、きちんとしよう

NINE OF PENTACLES

ペンタクルの9

バサバサッ
私の育て方が
悪かったのね

仕事、物質、経済的な満足が得られない

育て方が下手になるので、種は花や実にはなりません。仕事、物質、経済的な満足が得られず、メリットがないと気分が乗らないなど、目の前の利益にとらわれがち。

ADVICE ☞ 目の前の利益よりも、大きな視点で物事を捉えよう

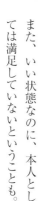

TEN OF WANDS

ワンドの10

もう限界。
これ以上は無理！

増やすな、危険！容量オーバー

ワンドを一度に全部持って、向こうの家まで運ぼうとしていますが、背中が張ってしまい、かなり無理があります。容量オーバーなので、これ以上増やすと危険です。

ADVICE ☞ 全部やらず8割くらいにしておこう。誰かに頼もう

TEN OF SWORDS

ソードの10

今が最悪の時。
耐えるしかない

挫折、失恋、失敗などで苦しみのどん底！

ソードが背中に突き刺さり、血が出ています。挫折や失恋、失敗などをして、苦しみや悲しみのどん底。とても疲れています。鍼治療のようにも見えるのですが……。

ADVICE ☞ 自分を大切にしよう。周りを頼ろう。ツボを刺激しよう

TEN OF CUPS

カップの10

結末はハッピーエンド。いつまでも幸せに

家族で虹になったカップを見て、幸せを喜んでいます。心がとても満たされることがあるでしょう。「いつまでも幸せに暮らしましたとさ」との物語さながらの結末。

ADVICE ☞ 今ある幸せを大切に。家族を大切に。感謝しよう

TEN OF PENTACLES

ペンタクルの10

協力者も多く環境にも恵まれる

立派な建物の中に、家族が全員集合。とても豊かに栄えていて、物質的・経済的に満たされています。協力者も大勢いて、人気があり、環境にも恵まれます。

ADVICE ☞ 協力者がたくさんいることを知ろう。集めてみよう

TEN OF WANDS

ワンドの10

心に余裕がなく強引に突き進むと失敗

無理して運んでいる最中に、ワンドを落としてしまいます。やることが多くて心の余裕がなく、強引に突き進むと失敗します。背中や肩、腕、腰のコリも激しそう。

ADVICE ☞ 取捨選択をしよう。分担したり、周りに頼んだりして!

TEN OF SWORDS

ソードの10

最悪の状態は終わり少しずつ回復

背景の明るい部分がフォーカスされます。最悪の状態は終わりました。これから明け方になります。背中は傷だらけですが、絶望から少しずつ回復していくでしょう。

ADVICE ☞ 1人で抱え込まず、周りを頼ろう

「10」裏の顔（逆位置）

TEN OF CUPS

カップの10

満たされない
幸せなはずなのに

どこか物足りないのは目標が高すぎるのかも

いい状態にあるものの、どこか物足りなさを感じがち。それは、恵まれた環境に依存していたり、完璧主義だったり、目標が高すぎるのかも。もっと今を楽しんで！

ADVICE ☞ 感謝の気持ちを忘れずに。今あるものを大切に

TEN OF PENTACLES

ペンタクルの10

欲張りすぎるワン！
もっと豊かになれないのか!?

今、手にしているものですでに足りている!?

物質的・経済的な不安定さが垣間見えます。現状に不満足モード。所属できなかったり、欲しいものが得られなかったりすることも。「足るを知る」のも大事。

ADVICE ☞ すでに手に入れているものや仲間に目を向けよう

PAGE OF WANDS

ワンドのペイジ

好奇心旺盛で新しいことが大好き

面白い世界の初心者。元気で好奇心旺盛です。そして、新しいことが大好き。帽子についている赤い羽根は直感レーダー。ワクワクするか、しないかで判断します。

ADVICE ☞ 面白そうならやってみよう。ワクワクが正解！

PAGE OF SWORDS

ソードのペイジ

アイデアマンで知的な刺激が大好き

情報の世界の初心者。アイデアマンで、頭の回転が速く、状況把握能力や判断力もあり、知的な刺激が大好き。面白い話や、新しい情報を集めてくるのも得意です。

ADVICE ☞ 新しい情報を仕入れよう。サクッと伝えてみよう

「ペイジ」表の顔（正位置）

PAGE OF CUPS

カップのペイジ

感性豊かで
甘えん坊な一面も

感情の世界の初心者。いろんなことを感じるままに、心が揺れ動いていきます。とてもスピリチュアルかつ、感性豊かで芸術的です。人懐っこくて甘えん坊な面もあり。

甘え上手な
芸術家だよ

ADVICE ☞ どう感じるかが大事。トキメキを大切に！

PAGE OF PENTACLES

ペンタクルのペイジ

マイペースながら
必要なものは守り抜く

物質の世界の初心者。環境に恵まれ、目の前のことを真面目に丁寧にこなします。スピード感はなくマイペースですが、役に立つ必要なものをしっかりとキープ！

真面目に
コツコツ働くよ！

ADVICE ☞ 1つ1つを丁寧に。幸せは足元にある

PAGE OF WANDS

ワンドのペイジ

人にかまってほしくて　いつも自分が中心

かまってくれないと
すねちゃうぞ！

自己中心的です。考え方が子どもっぽく、思いどおりにならないと、すねたり、怒りっぽくなったりすることも。いつもかまってほしくて、落ち着きもありません。

ADVICE ☞ 空気を読もう。好き放題やってみるのも1つの手

PAGE OF SWORDS

ソードのペイジ

誤った情報を流すなど　早とちりに注意！

今、聞いてきたん
だけどさ……

批判的で協調性がないところがあります。口先だけで信用できないことを言ったり、誤った情報を流したり、鵜《う》呑《の》みにしたりして、失敗しやすいです。

ADVICE ☞ 物事のプラスの面も見よう。よく調べてから判断を

「ペイジ」裏の顔(逆位置)

PAGE OF CUPS

カップのペイジ

心に波があり周りに影響されやすい

自分の感情をうまく扱えないため、心に波があり、周りに影響されやすく、へこみやすいです。心も言うこともコロコロと変わり、寂しくて依存傾向があることも。

すぐ落ち込む
寂しがり屋さ

ADVICE ☞ まずは気持ちを落ち着かせよう。寂しさは大敵

PAGE OF PENTACLES

ペンタクルのペイジ

視野が狭くて扱いにくい人

視野が狭く、偏った情報に振り回されることがあります。手に入れるまでは一生懸命でも、手に入ると飽きてしまいます。頑固で反抗的な面があり、扱いにくいです。

ポイッ
手に入れたら
飽きちゃった

ADVICE ☞ ほかの情報も取り入れよう。もっと周りを見回そう

KNIGHT OF WANDS

ワンドのナイト

アピール力が強く ノリノリで猪突猛進！

オレってカッコいい！
情熱で
突き進むぜ！

馬に乗っているので馬力が働きます。テンションが高く、ノリノリで猪突猛進。絵柄からもわかるとおり、存在感やアピール力があります。移動、旅行、引越しも吉。

ADVICE ☞ どんどん動いていこう。アピールしよう。勢いが大事

KNIGHT OF SWORDS

ソードのナイト

決断や行動が速く 刺激的な情報を求める

素早く行動して
情報を集めよう！

疾走する馬は、目まぐるしい展開の予感。決断や行動が速く、刺激的な情報を求めます。この馬はどこに向かっているのでしょう？ 移動、旅行、引越しも吉。

ADVICE ☞ 素早い決断や行動がラッキー。とりあえずやってみよう

「ナイト」表の顔（正位置）

KNIGHT OF CUPS

カップのナイト

今からプロポーズするよ！

白馬の王子様が運ぶ カップの中身は？

白馬の王子様といえばこのカード。カップを好きな相手に大切に運んでいます。嬉しい何かが届きそう。カップの中身は何でしょう？ 移動、旅行、引越しも吉。

ADVICE ☞ 自分から心を開いて歩み寄ろう。行動してみよう

KNIGHT OF PENTACLES

ペンタクルのナイト

着実に1歩ずつ前進しよう！

日頃の積み重ねが自信につながる

この馬はスローですが、真面目に着実に前進しています。刺激は少なくても、安定感があり信頼できます。日頃の積み重ねを自信に。移動、旅行、引越しも吉。

ADVICE ☞ マイペースでOK。少しずつ進めよう

KNIGHT OF WANDS

ワンドのナイト

計画はなかなか進まず後退モードになりそう

馬が暴れ馬になるので、計画は進まず、後退モードに。感情の起伏も激しくなり、自分という馬もうまく乗りこなせなくなります。移動、旅行、引越しはNG。

前に進めないどころか落馬しそうだ！

ADVICE ☞ もう少し冷静になろう。今は進めなくてよし！

KNIGHT OF SWORDS

ソードのナイト

途中で興味がなくなりテンションが下がる

疾風のように去っていきます。興味の対象が移ったり、テンションが下がったり。急な方向転換があったのかも。移動、旅行、引越しは、あせらないほうがいいです。

気が変わった！話を聞かなくてもいいや

ADVICE ☞ まだ進めないほうがいい。早期撤退や辞退も良さそう

「ナイト」裏の顔(逆位置)

KNIGHT OF CUPS

カップのナイト

言葉に行動が伴わず約束は果たされない

ペテン師のようなところが出てきます。言葉ではいいことを言っても行動が伴わず、約束も実現しないでしょう。移動、旅行、引越しの時期は、今ではありません。

プロポーズはやめようかな

ADVICE ☞ 実行しないほうがいい。鵜《う》呑《の》みにしないほうがいい

KNIGHT OF PENTACLES

ペンタクルのナイト

計画性や責任感がなく現実的に不安定

現実的に不安定な要素があります。計画性や責任感がなく、お金の管理も苦手。実行力に欠け、周りからも信頼されません。移動、旅行、引越しは、まだ待つこと。

?
この金貨、本当に使えるのかな?

ADVICE ☞ 現実的な面を見直そう。腰を据えてかかろう

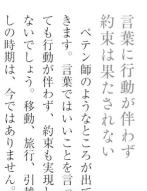

QUEEN OF WANDS

ワンドのクイーン

みんなが私を慕ってくれて、嬉しいわ！

明るく元気で人を惹きつける女性

イキイキと元気で、そこにいるだけで周りを明るくし、人を惹きつける魅力にあふれている女性です。ありのままの状態で人は輝くということを、教えてくれます。

ADVICE ☞ 女性に意見を聞こう。ビタミンカラーを取り入れよう

QUEEN OF SWORDS

ソードのクイーン

言いたいことはきちんと伝えるわ

好き嫌いがはっきり。知的でクールな女性

剣をまっすぐに立てているので、好き嫌いがはっきりしていて、いらないものはスパッと切り捨てます。言いたいことはきちんと伝える、知的で仕事ができる女性です。

ADVICE ☞ はっきり伝えよう。常にしっくりくるほうを選択しよう

「クイーン」表の顔（正位置）

QUEEN OF CUPS

カップのクイーン

カップの中身を想像するのが好き

感情豊かでセンス良く美しい癒し系女性

ゴージャスで素敵なカップを持っている、美しい癒し系の女性。共感力が高く、人の気持ちがよくわかります。感情が豊かで優しく、芸術的、美的なセンスもあります。

ADVICE ☞ 芸術的な感性を生かそう。癒しや浄化がポイント

QUEEN OF PENTACLES

ペンタクルのクイーン

豊かさを堅実に守っていくわ

母性的で優しく面倒見のいい女性

居心地が良さそうな場所にいるので、環境や物質に恵まれています。母性的で優しく面倒見のいい女性が、地道な作業をしています。すでに何かを手にしているよう。

ADVICE ☞ 環境を整えて。人の役に立てば居場所ができる

QUEEN OF WANDS

ワンドのクイーン

こんなに魅力的なのに
なぜモテないの？
ギャ!

わがままで嫉妬深い女性

魅力的なのに、自分を高く見積ったり、低く見積りすぎたりで、うまく表現できません。わがままでプライドが高く、嫉妬深く、イライラすると周りに当たることも。

ADVICE ☞ 周りをどうこうする前に、自分をどうにかしよう

QUEEN OF SWORDS

ソードのクイーン

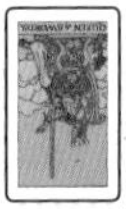

完璧に
できない
なんて
許せない！

完璧主義で欠点を許せない女性

自分にも他人にも厳しく、完璧主義で欠点を許せないところがあります。視野が狭く、ヒステリックで、近寄りがたい雰囲気も。無理して強気でいる感じがします。

ADVICE ☞ 弱い部分も見せよう。許す心も大事

「クイーン」裏の顔（逆位置）

QUEEN OF CUPS

カップのクイーン

寂しがり屋のメンヘラ女性

感情を自分でコントロールできなくなるので、心配したり不安になったりと、心が休まりません。また、寂しがり屋で依存傾向もあります。メンヘラチック！

心の中は心配や不安でいっぱい！

ADVICE ☞ もっと自信を持とう。心を芸術的に表現しよう

QUEEN OF PENTACLES

ペンタクルのクイーン

執着から失敗しやすい欲張り女性

手に入った物事に執着して、失敗しやすくなります。目の前のことに集中できなくなり、作業や管理が雑になりがち。ずっと座っているので、運動不足の傾向あり。

豊かさを放すものですか！

ADVICE ☞ 手放すことも大事。自立しよう。運動しよう

KING OF WANDS

ワンドのキング

自信に満ちあふれて頼りがいのある男性

明るくて面白く、自信に満ちあふれていて、強い存在感でリーダーシップを発揮します。いろんなことに興味があり、次々とチャレンジしていきます。

誇り高いキング・オブ・キング。それが私だ

ADVICE ☞ 面白かったらやってみよう。リーダーシップをとろう

KING OF SWORDS

ソードのキング

知的でクール。冷静に仕事ができる男性

冷静に仕事ができる知的な男性で、ストレートな物言いをします。剣を少し斜めに持っているので、こちらの話も聞いてくれそう。外科医や歯医者さんにも見えます。

公正に、合理的に判断しよう

ADVICE ☞ ストレートに伝えて。覚悟を決めよう。仕事ができる人

「キング」表の顔(正位置)

KING OF CUPS

カップのキング

寛大な心ですべてを包み込もう

優しくて器が大きく すべてを受け入れる男性

海の中に浮いている心の世界の王様です。優しくて器が大きいので、すべてを癒し、受け入れてくれます。また、スピリチュアルで、芸術的センスもあります。

ADVICE ☞ すべてを受け入れて、許そう。芸術を楽しもう

KING OF PENTACLES

ペンタクルのキング

我こそは物質世界の王であるぞ!

商売上手で 金運に恵まれた男性

物質の世界の王様。いろんなことを着実に形にしたり、手に入れたりします。商売上手で金運にも恵まれています。お金持ちの男性との出会いがあるかもしれません。

ADVICE ☞ 環境が大事。お金の流れを生み出そう

KING OF WANDS

ワンドのキング

自己チューで見栄っ張りな裸の王様

高貴な人だけに見える服を着ているのだ！
ケラケラケラッ

裸の王様になります。自信がありすぎたり、反対に足りなかったりすることも。自己中心的にふるまい、見栄を張って大風呂敷を広げるなど、周りを振り回します。

ADVICE ☞ もっと周りに感謝の気持ちを持とう

KING OF SWORDS

ソードのキング

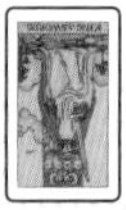

プライドが高く辛辣《しんらつ》な完璧主義者

自分の狭量さが腹立たしい！

視野が狭く、細かいことにこだわりすぎ。完璧主義なので、プライドが高く、辛辣で、自分で自分にイライラするでしょう。小さな穴にハマっている感じもあります。

ADVICE ☞ ストレスを発散しよう。よく寝よう。体を動かそう

「キング」裏の顔（逆位置）

KING OF CUPS

カップのキング

溺れてしまいそうじゃ。
助けて〜

感情の海に溺れるイケてない王様

感情の海に溺れてしまいます。心を扱うはずの王様が、イケてない王様に。自己管理ができず、心は一喜一憂し、寂しがり屋で依存しやすい。ペテン師的な要素も。

ADVICE ☞ 情に流されないように。まずは自分の感情をなだめよう

KING OF PENTACLES

ペンタクルのキング

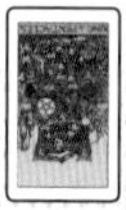

絶対に、誰にも
わたさないぞ！

手にしたものに執着するケチな男性

所有欲が強く、手にしたものに執着します。そうかといって、お金の管理はうまくいかず、手に入れても増やしたり維持したりできません。少し頑固な雰囲気もあり。

ADVICE ☞ 相手に得させることが大事。手放したほうが運が上がる

キャメ先生、教えて！

タロット占いQ&A ②

Q5

1枚だけ折れ曲がっていたり
汚れが目立ったりする場合や
カードをなくしてしまって
全種類揃っていない場合は
どうしたらいいでしょうか？

A

デッキ（一揃いのセット）ごと新調しましょう。

Q6

タロットカードを
浄化したい場合は
どうすればいいでしょうか？

A

タロットカードの上で鈴を鳴らしたり、パンッ！と手を叩くだけでも浄化になります。

また、セージを焚いて、その煙にカードをくぐらせてもいいでしょう。

Q7

タロットカードの
収納方法を教えてください。

A

人によっては、タロット用の座布団のようなものを作って上に置いたり、タロット用の木箱に入れたりしている人もいますが、トランプカードと同じように、どんな収納方法でも問題ありません。

私は、タロットカードをたくさん持っていて、扉付きのキャビネットに収納していますが、そのキャビネットは、もはやタロット専用になっています。

Q8

タロットカードは
どのように持ち歩いて
いますか？

A

持ち歩き方も自由です。ポーチに入れたり、巾着袋に入れたり、ハンカチに包んだりして持ち歩いている人が多いでしょう。

私の場合は、78枚全部を持ち歩くと重いので、大アルカナだけをサクッとそのままカバンの中に入れて持ち歩いています。

第4章

さっそく占ってみよう

基本のシャッフル&カット方法

通常、タロットカードのシャッフルは、質問をした後に、両手でシャカシャカ、クルクルとカードを混ぜます。

時計回りに混ぜるのが基本となっています。

シャッフルをしている間は、無心になることがポイントです。余計な雑念を入れないように！

思いどおりの結果になるように念じると、タロットがあなたの機嫌をとるような出方をしてしまいますので、注意しましょう。

だいたい混ざったかな～と思ったら、左ページの方法でカットします。まず1つの山にして、さらに、それを適当に3つの山に分けて、また1つの山に戻します。そして、どちらを下にするかを決定します。これで完了です。

1

すべてのカードを裏返しにして、両手で時計回りに混ぜます。無心になって混ぜるのがコツ。

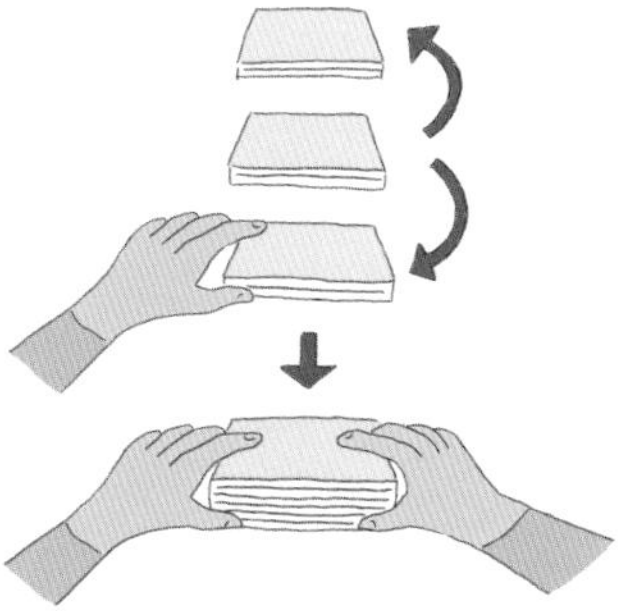

2

十分にシャッフルしたら、カードを1つの山にしてから、左手で適当に３つの山に分け、また1つの山に戻します。

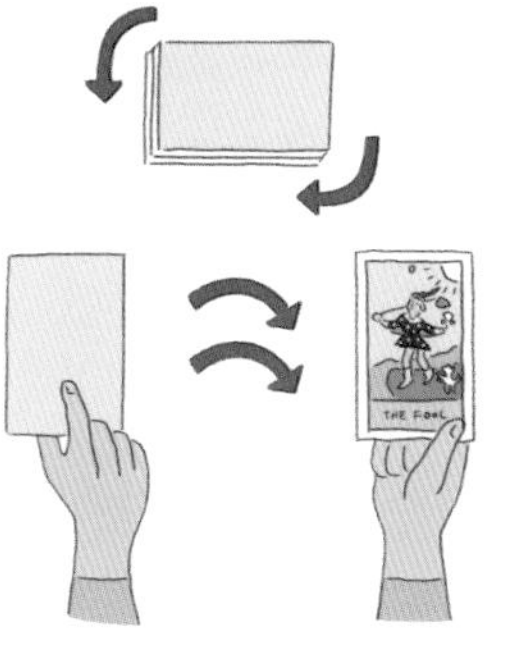

3

カードの山のどちらを下にするかを決め、決めたほうを自分の側に向けます。

簡単でよく当たる「1枚引き」

タロットカードの占い方はいろいろありますが、もっとも簡単な占い方は「1枚引き」です。

質問することを決め、シャッフルとカットが終わったら、カードをザーッと横にスライドして、どれか1枚を選んでめくります。上下が逆にならないようにそのまま開いてください。

慣れないうちは、大アルカナだけを使い、しかも正位置だけで占ってもいいでしょう。カードが逆位置で出たとしても、すべて正位置の意味で解読します。

だんだん慣れてきたら、小アルカナも加え、正位置と逆位置も取り入れて、解読しましょう。外出先などで、カードを広げてシャッフルする場所がない時は、トランプを切るようにシャッフルしてもいいですよ。

1枚引きは、簡単なだけでなく、とてもよく当たりますから、まずはこれで鑑定しまくることをおすすめします。

やり方は、簡単です。

❶知りたいことを質問します。
❷カードをシャッフル&カット（トランプのようなシャッフルでもOK）。
❸気になったカードを1枚引いてめくります。
❹この本でそのカードのページを見て、文言のニュアンスから答えを導きます。

1日に何度占ってもいいですし、自分以外の人のことを占うのもOKです。

ただし、同じ質問について繰り返し占うと混乱してきて疲れるので、もう一度占いたい場合は、質問を少し変えるか、しばらく経ってから占ってください。

❶～❹のやり方に従って、いくつか例を紹介しましょう。

（例1）

❶「ケンカをしたのですが、あの人は、私のことをまだ怒っていますか？」

❷カードを無心にシャッフルします。

❸カードを1枚引くと「0　愚者」のカードが正位置で出ました（P26）。

❹カードの意味は「何も考えていない」なので、相手はあなたのことを怒っていません。

（例2）

❶「メールを送るかどうか迷っていますが、送っても大丈夫でしょうか？」

❷カードを無心にシャッフルします。

❸1枚カードを引くと「1　魔術師」のカードが正位置で出ました（P30）。

❹カードの意味は「スタートしましょう」なので、今すぐ送信！

いかがですか？　とても簡単ですね！

知りたいことが出てきたらすぐにカードを手に取って、占ってみましょう。だんだんと慣れて、コツがつかめてくるはずです。サクサクとできるようになったら、周りの人も占ってあげましょう。きっと、喜ばれます。

タロット占いはほかにも、過去・現在・未来を知る「3枚引き」や、7枚のカードで占う「ヘキサグラム法」、人間関係の質問に対応するために私が開発した「キャメレオン法」など、いろいろあります。

インターネットなどでも調べられますから、「1枚引き」でカードのキャラをつかめるようになったら、ぜひ試してみてください。

でも、まずは「1枚引き」。朝、起きた時に「今日はどんな1日になる？」など、特に悩んでいなくても気軽に日常生活に取り入れることができます。

カードを1枚引くだけで、さまざまなヒントが得られますよ。

「大アルカナ」キーワード早見表

表の顔（正位置）

番号と名前	キャラ	キーワード
0 愚者		ノリと直感で行動する 自由でのびのびしている 何も考えていない
1 魔術師		新しくスタートする 専門分野を生かす 物事を素敵に表現する
2 女教皇		規則正しい生活をする 白黒はっきりさせる 直感力を発揮する
3 女帝		美しい、かわいい、大好き さまざまなことを創造する 幸せで満足している
4 皇帝		とても安定感がある 何があっても揺るがない リーダーシップを発揮する
5 法王		契約成立 信頼関係を構築する 仲間と一緒に何かをする
6 恋人		良い選択 ときめいている 遊んでいるように仕事をする
7 戦車		スピードアップ 移動・旅行・引越し 自立・独立
8 力		一筋縄でいかないことに手を焼く あの手この手を使おうとする 苦手意識がある
9 隠者		好きなことにハマる 内側にこもる 人とあまり交流しない

「表の顔(正位置)」「裏の顔(逆位置)」で出た場合の大アルカナのキーワードをまとめました。読み解く参考にしましょう。

10 運命の輪

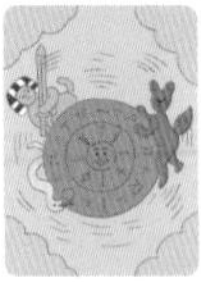

- チャンスをつかむ
- スムーズな展開
- タイミングばっちり

11 正義

- 物事を客観視する
- 感情に流されない
- バランスをとる

12 吊るされた男

- 自己犠牲
- イメージするが実際には動かない
- あえて大変な状況に身を置く

13 死神

- 終わらせる
- 手放す
- 変える

14 節制

- 混ぜ合わせて新しく生み出す
- 腹八分でやめる
- 相性がいい人や物事がわかる

15 悪魔

- 誘惑に負ける
- ずぶずぶとハマる
- 欲望のままに生きる

16 塔

- 青天の霹靂《へきれき》
- 突然のことにびっくりする
- 殻をぶち破る

17 星

- アウトプットが大事
- 浄化、デトックス
- 希望は叶うが時間がかかる

18 月

- 取り越し苦労をする
- 妄想や幻想に浸る
- 芸術・スピリチュアル

19 太陽

- 堂々と発表する
- 自己アピール
- 達成する

20 最後の審判

- 復活する
- 呼びかける
- レベルアップする

21 世界

- 楽しくて我を忘れる
- 宇宙との一体化・ワンネス
- 何かが完成する

裏の顔（逆位置）

番号と名前	キャラ	キーワード
0 愚者		●何も考えずに方向転換 ●ルールや常識からの逸脱 ●気まずくなったら逃げる
1 魔術師		●スタートできない ●自信がない、準備が整っていない ●ペテン師
2 女教皇		●細かいところまで追求しすぎる ●視野が狭くなる ●ヒステリーを起こす
3 女帝		●面倒なことを他人任せにする ●だらしない、ダラダラしている ●おせっかい、押しつけがましい
4 皇帝		●人の意見に耳を貸さない ●自分の思いどおりに人を支配 ●不安定、継続できない
5 法王		●話がまとまらない ●約束を守らない ●裏の手を使う
6 恋人		●間違った選択 ●楽なほうに流される ●飽きる
7 戦車		●あせって失敗する ●見切り発車する ●二兎を追う者は一兎をも得ず
8 力		●無理に進めようとする ●途中で諦める ●欲求や欲望に負ける
9 隠者		●見て見ないふりをする ●過去に生きる ●傷つくことを恐れる

10 運命の輪

- タイミングを逃す
- 噛み合わない
- 先に進まない

11 正義

- 見返りを求める
- バランスが良くない
- 優柔不断

12 吊るされた男

- ひたすらがまんする
- ただただ苦しい
- あせるだけで行動しない

13 死神

- 諦めが悪い
- 同じことを繰り返す
- 執着と依存

14 節制

- うまくなじめない
- 相性が良くない
- 節度を保てない

15 悪魔

- 足を洗う
- 悪夢からの解放
- 本当の自分に目覚める

16 塔

- 少しずつ壊れていく
- 精神的に追い詰められる
- 早めに手を打とう

17 星

- 目標が見えなくなる
- 予定の延期や変更
- 不摂生

18 月

- 心配や不安からの解放
- 現実的に行動しようとする
- 前向きになっていく

19 太陽

- そこそこうまくいく
- まあまあの満足度
- から元気

20 最後の審判

- タイミングじゃない
- 停滞モード
- 復活できない

21 世界

- 周りに振り回される
- 集中力に欠ける
- 中途半端で終わる

「小アルカナ」キーワード早見表

ワンド 表の顔（正位置）

エース
クリエイティブな能力、目標が決まる、新しい発見や出会い、ワクワクする、何かが始まる

2
前向きに考えているがまだ動かない、勇気ある1歩を踏み出せない、意外なところに答えがある

3
連携プレーでうまくいく、思いどおりの展開、ポジティブに考えている、協力してもらおう

4
実りが多く喜んでいる、一緒にいて楽しい、明るく楽しい雰囲気、来るもの拒まず去るもの追わず

5
忙しい、落ち着かない、元気で騒がしい、いろんなことに興味津々、コミュニケーションをとりたい

6
周りよりちょっとうまくいっている、目立っている、勝っている、見せ方がうまい、見せ方が大事

7
主導権は握っている、順番を決める、的を絞る、あせらず1つ1つ集中することが大事

8
トントン拍子でスムーズな展開、遠くの場所や人との縁、行動力やスピードがある、ノリ気でワクワク

9
行動する勇気がない、あと1歩が踏み出せない、過去の失敗のせいで二の足を踏む、免疫力が高め

10
容量オーバー、全部やろうとして無理している、誰かに頼む、いくつかに分ける、減らしてみる

ペイジ
好奇心旺盛、若くて元気、チヤホヤされたい、新鮮で楽しい雰囲気

ナイト
情熱的で勢いがある、興奮している、猪突猛進、存在感やアピール力がある、どんどん動く

クイーン
人を惹きつける魅力がある、元気で明るい女性、明るく活発な雰囲気

キング
明るくて面白い、自信に満ちている、リーダーシップ、チャレンジャー、頼りがいのある男性

ワンド 裏の顔（逆位置）

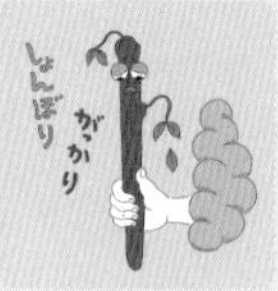

エース
モチベーションの低下、自信がなく腰が重い、途中で挫折、自己中心的、スタートできない

2
迷いを深める、行動力が足りなくなる

3
チームプレーがうまくいかない、思いどおりにならない、何をやったらいいのかわからない

4
実りが多く喜んでいる、一緒にいて楽しい、明るく楽しい雰囲気、来るもの拒まず去るもの追わず

5
忙しい、落ち着かない、バタバタしてまとまりがない、元気で騒がしい、いろんなことに興味津々

6
ライバルに負ける、隠し事がバレる、弱みを見せよう

7
どこから手をつけていいのかわからない、あせって先に進めない、1つのことに集中できない

8
なかなかスムーズにいかない、停滞モード、邪魔が入る、テンションが上がらない、気分転換しよう

9
同じ失敗を繰り返す、準備不足、免疫力低下、警戒しすぎてビクビク、行動力がない、勇気を出そう

10
無理しすぎて失敗しやすい、もっと周りの人に頼る勇気を持とう

ペイジ
考えが幼い、わがままで自己中心的、見ていて危なっかしい、落ち着かない雰囲気

ナイト
感情の起伏が激しい、場の空気が乱れる、計画がうまく進まない、もう少し冷静になろう

クイーン
プライドが邪魔をする、わがままで自己中心的、魅力はあるのにうまく表現できない

キング
見栄を張っている、裸の王様、わがままで自己中心的、大風呂敷を広げる、実は自信がない

「表の顔（正位置）」「裏の顔（逆位置）」で出た場合の小アルカナのキーワードを、4種のスートごとにまとめました。迷った時は参考に！

ソード 表の顔（正位置）

覚悟を決めて伝えよう！

エース
揺るがない精神力、心は決まっている、コミットする、説得力がある、最後までやり遂げよう

2
決断できない、現実を直視していない、冷静な心でいる、バランスを保っている、いったん休憩

3
本音を言われたり言ったりしてへこむ、不要なものを取り除く、分ける、切る、手術、削除する

4
のんびり休憩モード、保留にする、停止する、充電中、今は休んでタイミングを待つ

5
自分の価値観に固執する、人をコントロールしようとする、自己中心的、略奪して勝った気になる

6
困難な状況が終わって次の段階へ進む、停滞していたことが動き出す、移動する、引越し、旅行

7
要領が良くいいとこ取りをする、策略を練っているが詰めが甘い、心の中で何かをたくらんでいる

8
マイナスの思い込みで自分を苦しめる、自由に動けない状態、現状を見て見ぬふりをしている

9
考えすぎてゆううつになる、周りの意見や情報に惑わされすぎる、想像しているほど悪くない

10
苦しみや悲しみのどん底、挫折したり失敗したりして、とことん落ち込んでいる、極度の疲労

ペイジ
知的な刺激を求める、頭の回転が速くて情報処理能力が高い、若くて頭がキレる男性

ナイト
目まぐるしい展開、決断や行動が速い、刺激的で面白い情報を求めている、スピード感がある

クイーン
好き嫌いがはっきりしている、知的でクールな女性、仕事ができる女性、言いたいことは伝えよう

キング
知的でクールな男性、リーダーシップを発揮、客観的かつ冷静に見ている、外科医、歯科医、手術

ソード 裏の顔（逆位置）

どう伝えていいのか、わからない

エース
プレッシャーが大きい、自己中心的になって失敗、人を傷つけてしまう、決断できない

2
バランスがくずれて押しに弱くなる、決断できない、現実を直視していない、いったん休憩

3
本音を言われたり言ったりしてへこむが立ち直る、不要なものを取り除いてスッキリする

4
やる気が湧いてくる、次に進む準備、受け身から能動へシフト、停滞期から抜け出す、体力回復

5
相手に振り回されて疲れる、自分の意見をはっきり言えない、周りに利用されてしまう

6
困難な状況から抜け出せない、まだ先に進めない、停滞している、冷静に振り返って改善しよう

7
とても要領が良くいいとこ取りをしていける、少々詰めは甘いが策略はうまくいく、悪だくみ

8
思い込みや不安から解放される、前よりも自由になれる、実際に確認することで早く解決

9
考えすぎ、周りの意見や情報に惑わされている、想像しているほど悪くない、時間が解決する

10
最悪の状態は終わった、絶望から少しずつ回復する、1人で抱え込まずに周りを頼ろう

ペイジ
批判的で協調性がない、辛辣な発言、誤った情報を鵜呑みにする、口先だけで信用ならない

ナイト
急な方向転換、勢いがなくなる、興味の対象が変わる、気が変わる、まだ進めないほうがいい

クイーン
偏見がある、辛辣、イライラしている、自分にも他人にも厳しい、近寄りがたい雰囲気

キング
細かいことにこだわりすぎる、プライドが高い、イライラしている、自信喪失

カップ 表の顔（正位置）

愛情いっぱいで満たされる～

エース
心から満足、相思相愛、嬉しい知らせ、感性や芸術性が豊か、心がときめくことが始まる

2
心が通じ合う、素敵な出会いの予感、好意を持っている、一緒にいて楽しい

3
みんなでワイワイと楽しむ、調和、楽しい、嬉しい、うまくいって喜ぶ、楽しむことが大事

4
ちょっと疲れて休憩、自分の世界に浸っている、ゆっくり充電中、先に進まず心を整える

5
落ち込んでいる、過去にばかりフォーカス、かわいそうな自分に浸っている、視野を広げよう

6
平和的で和気あいあい、一緒にいると安心する、幼なじみのような懐かしさ、友だち以上恋人未満

7
あれこれ夢ばかり見ている、具体的になっていない、具体的に行動しない、迷って決断できない

8
興味の対象が変わる、手に入れていないものが魅力的に見える、1人になりたいと思っている

9
希望が叶って嬉しい、願ったり叶ったり、とても良い精神状態、心に余裕ができる、満足

10
ハッピーエンド、幸せな状態が続く、ずっと一緒にいたい、今ある幸せを大切にしよう

ペイジ
インスピレーションが湧く、感性が豊か、心が変わりやすい、甘えん坊、若くてかわいい

ナイト
優しくて素敵な男性、好意を持っている、芸術的なセンス

クイーン
美しくて癒し系の女性、芸術・美的センスを活かせる、癒される環境

キング
優しくて頼りがいがある男性、すべてを受け入れてくれる男性、居心地がいい環境

カップ 裏の顔（逆位置）

愛情が枯れちゃうよ～

エース
満足できない、わかってもらえない、愛を失い悲しい、自分勝手な愛、相手の気持ちを考えよう

2
心が通じ合わない、しっくりこない、上辺だけの会話、その場の雰囲気に流されてしまう

3
ダラダラする、無駄な時間、無駄な会話、無駄遣い、自分の意見をはっきりと言えず流されやすい

4
充電完了、停滞中のことが少し動き出す、興味ややる気が少し出てきた、そろそろ行動を起こす

5
落ち込んでいたが大丈夫な面を見つける、少しずつ気持ちが明るくなる、多少の妥協も必要

6
過去ばかり振り返って今を生きていない、平和的だが発展性はない、情に流されやすい

7
夢を具体的に形にすべく行動し始める、迷っていたことを決断できそう

8
やめたことや保留にしていたことに目を向け始める、自分の周りの大切なものに気付き始める

9
満足するもルーズさが出てきてだらしなくなりがち

10
いい状態であるもののどこか物足りない、感謝が足りなくなっている

ペイジ
感情に波がある、へこみやすい、周りに影響されやすい、寂しがり屋で依存傾向がある

ナイト
言っていることと心の中が違う、気持ちがこちらに向いていない、行動力が乏しい

クイーン
一喜一憂する、寂しがり屋で依存傾向がある、周りに影響されやすい

キング
心が安定していない男性、情に流されやすい、だらしない雰囲気

ペンタクル 表の顔（正位置）

エース
手応えあり、メリットあり、手に入る、経済的満足、仕事やお金に関するスタート

2
比べて迷っている、現状維持を楽しむ、うまくいっているように見えるがあまり発展性はない

3
才能を生かす、計画どおりに進む、報告・連絡・相談がスムーズ、お互いを高め合える

4
金銭的な安定、自分のものにしておきたい、所有欲の強さ、メリット重視

5
無駄使い、お金の使い方が下手、見栄を張っているが現状はボロボロ、現状を把握できない

6
先に与えると見返りあり、役割分担、バランスがとれている、客観的かつ合理的に判断

7
思い描いていたものとは違う結果になる、今のままではうまくいかない、何かがズレている

8
コツコツと丁寧に取り組む、誠実で真面目な雰囲気、着実に進歩している、職人モード

9
種が花となり実となる、物質的な満足、収穫の時、育てるのが上手、優雅な雰囲気

10
豊かに栄える、経済的満足、物質的満足、金運の安定や向上、環境に恵まれる、協力者が多い

ペイジ
役立つ情報を手にする、真面目で優等生、良い環境に恵まれる

ナイト
スローだけど着実に前進中、責任感があって信頼できる、刺激は少ないが安定感がある

クイーン
環境や物質に恵まれている、居場所が見つかる、母性的で優しい女性、面倒見がいい、手先が器用

キング
着実に形にする、手に入れる、お金持ちの男性、経済的満足、素敵な環境

ペンタクル 裏の顔（逆位置）

エース
メリットがない、手に入らない、損をする、ケチくさい、無駄遣い、執着は手放そう

2
比べて迷ったり2つのことを両立しようとしたりするも、バランスをくずして不安定になる

3
意思の疎通がうまくいかない、計画どおり進まない、才能の出し惜しみ、報告・連絡・相談不足

4
経済的に不安定、執着しすぎてうまくいかない、維持力の低下、手放すことを学ぼう

5
一時的に良い状態になることもあるが、現実をしっかり見つめないと同じ目にあってしまう

6
投資をしても見返りがない、役割分担が機能しない、アンバランス、不公平、えこひいき

7
今のままではうまくいかないが、実際に行動して改善する意志が見受けられる

8
改善に向けて取り組むが、集中力が低下するので手抜きモードになりがち

9
育て方や使い方が下手、まだ収穫する時期ではない、なかなかうまく育っていない

10
経済的に不安定、所属できない、ないものねだり、足りていることを知ろう

ペイジ
役に立たない情報、飽きっぽい、反抗的な態度、視野が狭い

ナイト
現実的に不安定、責任感が乏しい、計画性がない、お金の管理が苦手

クイーン
執着しすぎて失敗、細かい作業や管理が苦手、おんぶに抱っこ状態、運動不足

キング
所有欲が強すぎる、頑固すぎて失敗、お金の管理が下手、損得勘定でものを考える

著者　キャメレオン竹田（きゃめれおん・たけだ）

著書累計80万部以上。作家、芸術家、デザイナー、実業家、(株)トウメイ人間製作所 代表取締役。会員制オンラインサロン「神さまサロン」や各種学校主宰、商品開発など活動は多岐にわたる。「自分の波動を整えて、開運していくコツ」を日々、研究し、聖地を巡って、受信したメッセージを伝えることがライフワーク。「ANA Travel & Life」「集英社オンライン」など占い連載多数。タロットカードは著書の『すごいタロットカード』(日本文芸社)がオススメ！

STAFF

編集協力	株式会社羊カンパニー（中村裕美）
装丁・デザイン	monostore（柴田紗枝）
校正	株式会社オフィスバンズ
マンガ・イラスト	ヘロシナキャメラ
編集担当	ナツメ出版企画株式会社（田丸智子）

本書に関するお問い合わせは、書名・発行日・該当ページを明記の上、下記のいずれかの方法にてお送りください。

電話でのお問い合わせはお受けしておりません。
・ナツメ社webサイトの問い合わせフォーム
https://www.natsume.co.jp/contact
・FAX（03-3291-1305）
・郵送（下記、ナツメ出版企画株式会社宛て）
なお、回答までに日にちをいただく場合があります。

正誤のお問い合わせ以外の書籍内容に関する解説・個別の相談は行っておりません。あらかじめご了承ください。


カードの意味《いみ》が一瞬《いっしゅん》でわかる！

タロットキャラ図鑑《ずかん》

ナツメ社Webサイト
https://www.natsume.co.jp
書籍の最新情報（正誤情報を含む）はナツメ社Webサイトをご覧ください。

2021年10月20日　初版発行
2022年11月10日　第7刷発行

著　者　キャメレオン竹田《たけだ》
発行者　田村正隆

©Chamereon Takeda, 2021

発行所　株式会社ナツメ社
東京都千代田区神田神保町1-52　ナツメ社ビル1F（〒101-0051）
電話　03(3291)1257（代表）　FAX　03(3291)5761
振替　00130-1-58661
制作　ナツメ出版企画株式会社
東京都千代田区神田神保町1-52　ナツメ社ビル3F（〒101-0051）
電話　03(3295)3921（代表）
印刷所　広研印刷株式会社

ISBN978-4-8163-7098-4
Printed in Japan

〈定価はカバーに表示してあります〉〈落丁・乱丁本はお取り替えします〉

本書の一部または全部を著作権法で定められている範囲を超え、ナツメ出版企画株式会社に無断で複写、複製、転載、データファイル化することを禁じます。